心一堂術數古籍珍本叢刊

書名：三車一覽命書詳論
系列：心一堂術數古籍珍本叢刊 第三輯 300 星命類
作者：【宋】方謙之
封面設計：陳劍聰
心一堂術數古籍珍本叢刊編校小組：陳劍聰 素聞 鄒偉才 虛白盧主

出版：心一堂有限公司
通訊地址：香港九龍旺角彌敦道610號荷李活商業中心十八樓05-06室
深港讀者服務中心：中國深圳市羅湖區立新路六號羅湖商業大廈負一層008室
電話號碼：(852)9027-7110
網址：publish.sunyata.cc
電郵：sunyatabook@gmail.com
網店：http：//book.sunyata.cc
淘宝店地址：https：//shop210782774.taobao.com
微店地址：https：//weidian.com/s/1212826297
臉書：https：//www.facebook.com/sunyatabook
讀者論壇：http：//bbs.sunyata.cc

版次：二零一九年十一月初版

平裝

定價：港幣　二百八十八元正
　　　新台幣　一千二百八十元正

國際書號　ISBN 978-988-8582-87-7

香港發行：香港聯合書刊物流有限公司
香港新界大埔汀麗路36號中華商務印刷大廈3樓
電話號碼：(852)2150-2100　傳真號碼：(852)2407-3062
電郵：info@suplogistics.com.hk

台灣發行：秀威資訊科技股份有限公司
地址：台灣台北市內湖區瑞光路七十六巷六十五號一樓
電話號碼：+886-2-2796-3638　傳真號碼：+886-2-2796-1377
網絡書店：www.bodbooks.com.tw
台灣秀威書店讀者服務中心：
地址：台灣台北市中山區松江路二0九號1樓
電話號碼：+886-2-2518-0207
傳真號碼：+886-2-2518-0778
網址：www.govbooks.com.tw

中國大陸發行 零售：深圳心一堂文化傳播有限公司
地址：深圳市羅湖區立新路六號羅湖商業大廈負一層008室
電話號碼：(86)0755-82224934

心一堂微店二維碼

心一堂術數古籍 珍本 整理 叢刊 總序

術數定義

術數，大概可謂以「推算（推演）、預測人（個人、群體、國家等）、事、物、自然現象、時間、空間方位等規律及氣數，並或通過種種『方術』，從而達致趨吉避凶或某種特定目的」之知識體系和方法。

術數類別

我國術數的內容類別，歷代不盡相同，例如《漢書・藝文志》中載，漢代術數有六類：天文、曆譜、五行、蓍龜、雜占、形法。至清代《四庫全書》，術數類則有：數學、占候、相宅相墓、占卜、命書、相書、陰陽五行、雜技術等，其他如《後漢書・方術部》、《藝文類聚・方術部》、《太平御覽・方術部》等，對於術數的分類，皆有差異。古代多把天文、曆譜、及部分數學均歸入術數類，而民間流行亦視傳統醫學作為術數的一環；此外，有些術數與宗教中的方術亦往往難以分開。現代民間則常將各種術數歸納為五大類別：命、卜、相、醫、山，通稱「五術」。

本叢刊在《四庫全書》的分類基礎上，將術數分為九大類別：占筮、星命、相術、堪輿、選擇、三式、讖諱、理數（陰陽五行）、雜術（其他）。而未收天文、曆譜、算術、宗教方術、醫學。

術數思想與發展——從術到學，乃至合道

我國術數是由上古的占星、卜筮、形法等術發展下來的。其中卜筮之術，是歷經夏商周三代而通過「龜卜、蓍筮」得出卜（筮）辭的一種預測（吉凶成敗）術，之後歸納並結集成書，此即現傳之《易

經》。經過春秋戰國至秦漢之際，受到當時諸子百家的影響、儒家的推崇，遂有《易傳》等的出現，原本是卜筮術書的《易經》，被提升及解讀成有包涵「天地之道（理）」之學。因此，《易・繫辭傳》曰：「易與天地準，故能彌綸天地之道。」

漢代以後，易學中的陰陽學說，與五行、九宮、干支、氣運、災變、律曆、卦氣、讖緯、天人感應說等相結合，形成易學中象數系統。而其他原與《易經》本來沒有關係的術數，如占星、形法、選擇，亦漸漸以易理（象數學說）為依歸。《四庫全書・易類小序》云：「術數之興，多在秦漢以後。要其旨，不出乎陰陽五行，生尅制化。實皆《易》之支派，傳以雜說耳。」至此，術數可謂已由「術」發展成「學」。

及至宋代，術數理論與理學中的河圖洛書、太極圖、邵雍先天之學及皇極經世等學說給合，通過術數以演繹理學中「天地中有一太極，萬物中各有一太極」（《朱子語類》）的思想。術數理論不單已發展至十分成熟，而且也從其學理中衍生一些新的方法或理論，如《梅花易數》、《河洛理數》等。

在傳統上，術數功能往往不止於僅僅作為趨吉避凶的方術，及「能彌綸天地之道」的學問，亦有其「修心養性」的功能，「與道合一」（修道）的內涵。《素問・上古天真論》：「上古之人，其知道者，法於陰陽，和於術數。」數之意義，不單是外在的算數、歷數、氣數，而是與理學中同等的「道」、「理」–心性的功能，北宋理氣家邵雍對此多有發揮：「聖人之心，是亦數也」、「萬化萬事生乎心」、「心為太極」。《觀物外篇》：「先天之學，心法也。……蓋天地萬物之理，盡在其中矣，心一而不分，則能應萬物。」反過來說，宋代的術數理論，受到當時理學、佛道及宋易影響，認為心性本質上是等同天地之太極。天地萬物氣數規律，能通過內觀自心而有所感知，即是內心也已具備有術數的推演及預測、感知能力；相傳是邵雍所創之《梅花易數》，便是在這樣的背景下誕生。

《易・文言傳》已有「積善之家，必有餘慶；積不善之家，必有餘殃」之說，至漢代流行的災變說及讖緯說，我國數千年來都認為天災，異常天象（自然現象），皆與一國或一地的施政者失德有關；下至家族、個人之盛衰，也都與一族一人之德行修養有關。因此，我國術數中除了吉凶盛衰理數之外，人心的德行修養，也是趨吉避凶的一個關鍵因素。

術數與宗教、修道

在這種思想之下，我國術數不單只是附屬於巫術或宗教行為的方術，又往往是一種宗教的修煉手段--通過術數，以知陰陽，乃至合陰陽（道）。「其知道者，法於陰陽，和於術數。」例如，「奇門遁甲」術中，即分為「術奇門」與「法奇門」兩大類。「法奇門」中有大量道教中符籙、手印、存想、內煉的內容，是道教內丹外法的一種重要外法修煉體系。甚至在雷法一系的修煉上，亦大量應用了術數內容。此外，相術、堪輿術中也有修煉望氣（氣的形狀、顏色）的方法；堪輿家除了選擇陰陽宅之吉凶外，也有道教中選擇適合修道環境（法、財、侶、地中的地）的方法，以至通過堪輿術觀察天地山川陰陽之氣，亦成為領悟陰陽金丹大道的一途。

易學體系以外的術數與的少數民族的術數

我國術數中，也有不用或不全用易理作為其理論依據的，如揚雄的《太玄》、司馬光的《潛虛》。也有一些占卜法、雜術不屬於《易經》系統，不過對後世影響較少而已。

外來宗教及少數民族中也有不少雖受漢文化影響（如陰陽、五行、二十八宿等學說。）但仍自成系統的術數，如古代的西夏、突厥、吐魯番等占卜及星占術，藏族中有多種藏傳佛教占卜術、苯教占卜術、擇吉術、推命術、相術等；北方少數民族有薩滿教占卜術；不少少數民族如水族、白族、布朗族、佤族、彝族、苗族等，皆有占雞（卦）草卜、雞蛋卜等術，納西族的占星術、占卜術，彝族畢摩的推命術、占卜術……等等，都是屬於《易經》體系以外的術數。相對上，外國傳入的術數以及其理論，對我國術數影響更大。

曆法、推步術與外來術數的影響

我國的術數與曆法的關係非常緊密。早期的術數中，很多是利用星宿或星宿組合的位置（如某星在某州或某宮某度）付予某種吉凶意義，并據之以推演，例如歲星（木星）、月將（某月太陽所躔之宮次）等。不過，由於不同的古代曆法推步的誤差及歲差的問題，若干年後，其術數所用之星辰的位置，已與真實星辰的位置不一樣了；此如歲星（木星），早期的曆法及術數以十二年為一周期（以應地支），與木星真實周期十一點八六年，每幾十年便錯一宮。後來術家又設一「太歲」的假想星體來解決，是歲星運行的相反，週期亦剛好是十二年。而術數中的神煞，很多即是根據太歲的位置而定。又如六壬術中的「月將」，原是立春節氣後太陽躔娵訾之次而稱作「登明亥將」，至宋代，因歲差的關係，要到雨水節氣後太陽才躔娵訾之次，當時沈括提出了修正，但明清時六壬術中「月將」仍然沿用宋代沈括修正的起法沒有再修正。

由於以真實星象周期的推步術是非常繁複，而且古代星象推步術本身亦有不少誤差，大多數術數除依曆書保留了太陽（節氣）、太陰（月相）的簡單宮次計算外，漸漸形成根據干支、日月等的各自起例，以起出其他具有不同含義的眾多假想星象及神煞系統。唐宋以後，我國絕大部分術數都主要沿用這一系統，也出現了不少完全脫離真實星象的術數，如《子平術》、《紫微斗數》、《鐵版神數》等。後來就連一些利用真實星辰位置的術數，如《七政四餘術》及選擇法中的《天星選擇》，也已與假想星象及神煞混合而使用了。

隨着古代外國曆（推步）、術數的傳入，如唐代傳入的印度曆法及術數，元代傳入的回回曆等，其中我國占星術便吸收了印度占星術中羅睺星、計都星等而形成四餘星，又通過阿拉伯占星術而吸收了其中來自希臘、巴比倫占星術的黃道十二宮、四大（四元素）學說（地、水、火、風），並與我國傳統的二十八宿、五行說、神煞系統並存而形成《七政四餘術》。此外，一些術數中的北斗星名，不用我國傳統的星名：天樞、天璇、天璣、天權、玉衡、開陽、搖光，而是使用來自印度梵文所譯的：貪狼、巨門、祿存、文曲，廉貞、武曲、破軍等，此明顯是受到唐代從印度傳入的曆法及占星術所影響。如星命術中的《紫微斗數》及堪輿術中的《撼龍經》等文獻中，其星皆用印度譯名。及至清初《時憲曆》，置閏之法則改用西法「定氣」。清代以後的術數，又作過不少的調整。

此外，我國相術中的面相術、手相術，唐宋之際受印度相術影響頗大，至民國初年，又通過翻譯歐西、日本的相術書籍而大量吸收歐西相術的內容，形成了現代我國坊間流行的新式相術。

陰陽學——術數在古代、官方管理及外國的影響

術數在古代社會中一直扮演着一個非常重要的角色，影響層面不單只是某一階層、某一職業、某一年齡的人，而是上自帝王，下至普通百姓，從出生到死亡，不論是生活上的小事如洗髮、出行等，大事如建房、入伙、出兵等，從個人、家族以至國家，從天文、氣象、地理到人事、軍事，從民俗、學術到宗教，都離不開術數的應用。我國最晚在唐代開始，已把以上術數之學，稱作陰陽（學），行術數者稱陰陽人。（敦煌文書、斯四三二七唐《師師漫語話》：「以下說陰陽人謾語話」，此說法後來傳入日本，今日本人稱行術數者為「陰陽師」）。一直到了清末，欽天監中負責陰陽術數的官員中，以及民間術數之士，仍名陰陽生。

古代政府的中欽天監（司天監），除了負責天文、曆法、輿地之外，亦精通其他如星占、選擇、堪輿等術數，除在皇室人員及朝庭中應用外，也定期頒行日書、修定術數，使民間對於天文、日曆用事吉凶及使用其他術數時，有所依從。

我國古代政府對官方及民間陰陽學及陰陽官員，從其內容、人員的選拔、培訓、認證、考核、律法監管等，都有制度。至明清兩代，其制度更為完善、嚴格。

宋代官學之中，課程中已有陰陽學及其考試的內容。（宋徽宗崇寧三年〔一一零四年〕崇寧算學令：「諸學生習……並曆算、三式、天文書。」「諸試……三式即射覆及預占三日陰陽風雨。天文即預

定一月或一季分野災祥，並以依經備草合問為通。」

金代司天臺，從民間「草澤人」（即民間習術數人士）考試選拔：「其試之制，以《宣明曆》試推步，及《婚書》、《地理新書》試合婚、安葬，並《易》筮法，六壬課、三命、五星之術。」（《金史》卷五十一．志第三十二．選舉一）

元代為進一步加強官方陰陽學對民間的影響、管理、控制及培育，除沿襲宋代、金代在司天監掌管陰陽學及中央的官學陰陽學課程之外，更在地方上增設陰陽學課程（《元史．選舉志一》：「世祖至元二十八年夏六月始置諸路陰陽學。」）地方上也設陰陽學教授員，培育及管轄地方陰陽人。（《元史．選舉志一》：「（元仁宗）延祐初，令陰陽人依儒醫例，於路、府、州設教授員，凡陰陽人皆管轄之，而上屬於太史焉。」）自此，民間的陰陽術士（陰陽人），被納入官方的管轄之下。

至明清兩代，陰陽學制度更為完善。中央欽天監掌管陰陽學，明代地方縣設陰陽學正術，各州設陰陽學典術，各縣設陰陽學訓術。陰陽人從地方陰陽學肆業或被選拔出來後，再送到欽天監考試。（《大明會典》卷二二三：「凡天下府州縣舉到陰陽人堪任正術等官者，俱從吏部送（欽天監），考中，送回選用；不中者發回原籍為民，原保官吏治罪。」）清代大致沿用明制，凡陰陽術數之流，悉歸中央欽天監及地方陰陽官員管理、培訓、認證。至今尚有「紹興府陰陽印」、「東光縣陰陽學記」等明代銅印，及某某縣某某之清代陰陽執照等傳世。

清代欽天監漏刻科對官員要求甚為嚴格。《大清會典》「國子監」規定：「凡算學之教，設肄業生。滿洲十有二人，蒙古、漢軍各六人，於各旗官學內考取。漢十有二人，於舉人、貢監生童內考取。附學生二十四人，由欽天監選送。教以天文演算法諸書，五年學業有成，舉人引見以欽天監博士用，貢監生童以天文生補用。」學生在官學肄業、貢監生肄業或考得舉人後，經過了五年對天文、算法、陰陽學的學習，其中精通陰陽術數者，會送往漏刻科。而在欽天監供職的官員，《大清會典則例》「欽天監」規定：「本監官生三年考核一次，術業精通者，保題升用。不及者，停其升轉，再加學習。如能黽勉供職，即予開復。仍不及者，降職一等，再令學習三年，能習熟者，准予開復，仍不能者，黜退。」除定期考核以定其升用降職外，《大清律例》中對陰陽術士不準確的推斷（妄言禍福）是要治罪的。《大清律例・一七八・術七・妄言禍福》：「凡陰陽術士，不許於大小文武官員之家妄言禍福，違者杖一百。其依經推算星命卜課，不在禁限。」大小文武官員延請的陰陽術士，自然是以欽天監漏刻科官員或地方陰陽官員為主。

官方陰陽學制度也影響鄰國如朝鮮、日本、越南等地，一直到了民國時期，鄰國仍然沿用着我國的多種術數。而我國的漢族術數，在古代甚至影響遍及西夏、突厥、吐蕃、阿拉伯、印度、東南亞諸國。

術數研究

術數在我國古代社會雖然影響深遠，「是傳統中國理念中的一門科學，從傳統的陰陽、五行、九宮、八卦、河圖、洛書等觀念作大自然的研究。……傳統中國的天文學、數學、煉丹術等，要到上世紀中葉始受世界學者肯定。可是，術數還未受到應得的注意。術數在傳統中國科技史、思想史，文化史、社會史，甚至軍事史都有一定的影響。……更進一步了解術數，我們將更能了解中國歷史的全貌。」（何丙郁《術數、天文與醫學中國科技史的新視野》，香港城市大學中國文化中心。）

可是術數至今一直不受正統學界所重視，加上術家藏秘自珍，又揚言天機不可洩漏，「（術數）乃吾國科學與哲學融貫而成一種學說，數千年來傳衍嬗變，或隱或現，全賴一二有心人為之繼續維繫，賴以不絕，其中確有學術上研究之價值，非徒癡人說夢，荒誕不經之謂也。其所以至今不能在科學中成立一種地位者，實有數因。蓋古代士大夫階級目醫卜星相為九流之學，多恥道之；而發明諸大師又故為惝恍迷離之辭，以待後人探索；間有一二賢者有所發明，亦秘莫如深，既恐洩天地之秘，復恐譏為旁門左道，始終不肯公開研究，成立一有系統說明之書籍，貽之後世。故居今日而欲研究此種學術，實一極困難之事。」（民國徐樂吾《子平真詮評註》，方重審序）

現存的術數古籍，除極少數是唐、宋、元的版本外，絕大多數是明、清兩代的版本。其內容也主要是明、清兩代流行的術數，唐宋或以前的術數及其書籍，大部分均已失傳，只能從史料記載、出土文獻、敦煌遺書中稍窺一鱗半爪。

術數版本

坊間術數古籍版本，大多是晚清書坊之翻刻本及民國書賈之重排本，其中豕亥魚魯，或任意增刪，往往文意全非，以至不能卒讀。現今不論是術數愛好者，還是民俗、史學、社會、文化、版本等學術研究者，要想得一常見術數書籍的善本、原版，已經非常困難，更遑論如稿本、鈔本、孤本等珍稀版本。在文獻不足及缺乏善本的情況下，要想對術數的源流、理法、及其影響，作全面深入的研究，幾不可能。

有見及此，本叢刊編校小組經多年努力及多方協助，在海內外搜羅了二十世紀六十年代以前漢文為主的術數類善本、珍本、鈔本、孤本、稿本、批校本等數百種，精選出其中最佳版本，分別輯入兩個系列：

一、心一堂術數古籍珍本叢刊

二、心一堂術數古籍整理叢刊

前者以最新數碼（數位）技術清理、修復珍本原本的版面，更正明顯的錯訛，部分善本更以原色彩色精印，務求更勝原本。并以每百多種珍本、一百二十冊為一輯，分輯出版，以饗讀者。

後者延請、稿約有關專家、學者，以善本、珍本等作底本，參以其他版本，古籍進行審定、校勘、注釋，務求打造一最善版本，方便現代人閱讀、理解、研究等之用。

限於編校小組的水平，版本選擇及考證、文字修正、提要內容等方面，恐有疏漏及舛誤之處，懇請方家不吝指正。

心一堂術數古籍珍本整理叢刊編校小組

二零零九年七月序

二零一四年九月第三次修訂

三車一覽

一之二附序目

三車一覽序

先輩云碁以機壓以意議論五行者以理呼天下之事縱横曲折惟一理耳理之所在亘諸天地而不悖質諸鬼神而無疑至於性命之書詎可以私意勝說而昧其至理哉是以天地之性人最爲貴陰陽之道其理可推且夫欲通五行當先審諸子之書然後可以通其理故古者河出圖洛出書洪範所陳五行箕子出九疇定文王生八卦成周禮分六官

禮記按月令分七十二候皆聖賢所立也自珞琭子絕筆之後抱五行家書代不乏人董仲舒東方朔唱於前閻東叟李虛中和於後逮林開鬼谷子王子晉輩皆所謂源而委也自今而觀祿馬財官之論又皆道聽塗說以執編見空亡刑殺之　自有成說雖甲乙備類各有其旨然撥之以理則不　迎刃而自解也故嘗謂按圖索駿不若胷中自有成駿膠柱調瑟不若胷中自有成瑟根柢古人之

塵言以品題造化者不若胷中自有造化也嗟夫固已陳之迹而不忘也心學之妙無怪乎性命之理日晦而不　耳僕少習儒業酷嗜陰陽歷遍命書今將先聖遺文推求源奥吐諸胷臆問之以神荅之以心神問心荅編成六十九章首言五行甲子之所在次言神殺所得仍述甲子納音象於後篇命之曰三車一覽五行紀源以示好事君子得其同志歟若夫始終一理說貫無遺使學者覽之則

視諸碁璧之機意者其庶乎㫖景定二祺辛
酉詔歲上元前三日後學樂天埜人謹序

新刊嚴陵先生三車一覽目錄

卷之一

卷之三

三車一覽目錄終

三車一覽命書詳論卷之一

嚴陵方　謙之　編

說五行所生

水火金木土

恭聞天地未判其名混沌乾坤未分是名胚腪日月星辰未生也陰陽寒暑未分也在上則無雨露無風雲無霜雪無雷霆不過杳杳而冥冥在下則無草木無山川無禽獸無人民不過昧昧而昏昏是時一氣盤結中

太易生水未有氣曰太易
太初生火有氣未有形曰太初
太始生木有形未有質曰太始
太素生金有質未成体曰太素
太極生土形質已具乃曰太極
所以水數一火數二木數三金數四
土數五
逮夫五太既極混沌一判胚腪乃分輕清為天重濁為地二氣相感化而成人其始也或

人形鳥喙或人首蛇身無嗜慾無姓名無邦國無君臣巢居穴處任其風雨親疎同途莫知其父五穀未殖飲血茹毛其名蕩蕩其樂陶陶及其聖賢一出智愚兩分有君臣有父子嗚呼大道廢而姦詐生妖怪出

論十干十二支所出

十干　甲乙　丙丁　戊己　庚辛　壬癸

十二支　子丑寅卯辰巳午未申酉戌亥

切以姦詐生妖怪出黃帝時有蚩尤神擾亂當是之時黃帝氏作憂民之苦遂戰蚩尤於涿鹿之野流血百里不能治之黃帝乃齋戒築壇祀天方丘禮地於是天降十干十二支黃帝乃將十干圓布象天十二支方布象地始此以干爲天支爲地令州郡城門倣之然後乃能治之此乃十干十二支所出也自後有大撓氏爲後人所憂曰嗟吁黃帝乃聖人尚不能治其惡殺萬一後凡夫被苦將何柰乎遂將十干十二支

分配成六十甲子

論十干十二支所屬

問曰是時大撓氏雖成六十甲子將何以爲金木水火土之稱荅曰始者干元只以甲乙屬木丙丁屬火戊己屬土庚辛屬金壬癸屬水此十干所屬也支元只以寅卯屬木巳午屬火申酉屬金亥子屬水辰戌丑未屬土此十二支所屬也又曰聖人既以甲乙寅卯木居東方丙丁巳午火居南方庚辛申酉金居

西方壬癸亥子水居北方戊己土居中央辰戌丑未散四維其理何見曰

東方有神太昊乘震執規司春生仁風和氣萬物當此發生所以木居故甲乙寅卯同也

南方有神炎帝乘離執衡司夏生炎陽酷氣萬物至此咸齊所以火居故丙丁巳午同也

西方有神少昊乘兌執矩司秋生肅殺靜氣萬物到此收斂所以金居庚辛申酉同也

北方有神顓帝乘坎執權司冬生凝結嚴氣

萬物到此藏伏所以水居壬癸亥子同也

又曰此乃木火金水居四方按四時獨土干

元以戊己居中央支元以辰戌丑未散四維

何謂也曰

中央有神黃帝秉坤執繩司下土況木火金

水皆不可無土故將戊己居中宮辰戌丑未

散四維各得所占　無何公論曰天若無土

不能圓盖于上地若無土不能厚載於下五

穀不生人若無土不能營運于中五常不立

此三才不可闕土也。木若無土，有失栽培之力。火若無土，不能照燭四方。金若無土，難施鋒鋭之氣。水若無土，不能導泛濫之波。土若無土，不能長養萬物。此五行不可無土，所以干居中央，支散四維，建立五行而成也。此乃論支干所屬，內有納音，具載下篇。

論甲子納音成數　納者受也，音者聲也

問曰：既大撓氏配成六十甲子，何以甲子乙丑納音屬金，丙寅丁卯納音屬火云云，何得

此之所屬也。答曰、始分甲子。只隨支干所屬時。七國有賢人鬼谷先生。隱江州蘆山水簾洞。以大數筭成納音

甲己子午數九　乙庚丑未數八

丙辛寅申七數、丁壬卯酉數六

戊癸辰戌數五　己亥二位數四、

將其支干總成其數。却以五數除之。内不滿五者。以作納音屬也。如

零一納音屬火。零二納音土。零三納音木。零

四納音金零五納音水假如
甲子乙丑屬金者申數九子亦數九乙數八
丑亦數八二个九二个八共成三十四除五
六三十數零有四數故納音屬金又如
戊辰己巳者戊數五辰亦數五己數九巳數
四共成二十三除五四二十數零有三數是
以納音屬木　又曰五行大數則水一火二
土五今納音却以火一土二水五而互用木
三金四又不移何也　曰五行中謂火本無

聲借水然後而有聲水擊火沸然後有聲乃得一數水本無聲借土然後而有聲土作水頃方成其聲故得五數土本無聲借火然後而有聲火煉土剛方成其聲故得二數唯木與金有自然之聲不假物而成擊之自然響也　源髓歌云五五退之看所零其零便得納音名一火二土五水位木三金四自然聲所以水火土互數則金木之數不移　又曰此雖鬼谷成其納音何以甲子乙丑海中金丙寅丁卯爐中火此意如何曰

此乃納音象曰也時西漢有賢人東方曼倩先生諱朔解其納音納如納也音者感物取聲也遂將其甲子分輕重而配成一時号曰花甲子也此略明其甲子之始因外有詳論具于別篇

論五行相生

土生金　金生水　水生木　木生火　火生土

問曰何以謂土能生金答曰土乃群倫之主

土爲氣也金受氣之精產乎土中所以土能生金也
何以金能生水曰金乃氣之神精氣盛則神氣爽所以金能生水也
何以水能生木曰水主智木主仁智通則仁確所以水能生木也
何以木能生火曰木主仁火主禮仁禮相貫所以木能生火也
何以火能生土曰土居中宮主信人失信則

五常不立人失禮則五常皆廢信禮不可失

所以火能生土

論五行相克

金克木　木克土　土克水　水克火

火克金

問曰何謂五行相克答曰克勝也各恃其勢以勝之又曰何以謂金克木答曰金主殺氣不主生氣萬物自生至殺所以金克木也

何以謂木克土曰木掌生權萬物發生假土

氣以成形土被木盜乎眞氣則土散氣塵所以木克土也

何以謂土克水曰土主信水主智智者巧信乃確守信而失智所以土克水也

何以謂水克火曰水乃北位火乃位南諸侯位南面北以朝至尊聖人位北面南以治萬民所以水克火

何以謂火克金曰金主殺權火成齊萬物萬物成齊金未收斂所以火克金也

大凡命中見相克者一時未可便作惡論物
須待制而成
且如金能克木木非金斲安得成器　珞琭
子云金木未能成器聽哀樂以難明吉凶未下
又云木藉金琢然後方能成器　壺中子云
但能成器爲榮未饒結實爲貴詳此見木當
用金以成也但不宜金多多則損矣又如木能
克土凡土命人不可無木盖土性敦厚其形
窒塞須假木以疎散重濁之氣方爲清秀亦

欲得中不可過多壺中子云與木等則豐饒

木或多則穎烈

又如土能克水水無土則不能遵泛濫之波

故水泛當用土以止之　經曰滔滔不止必

有自溺之憂　又如水能克火凡火無水不

能成既濟之功火性炎上則燥而害物當用

水以滋之　經曰炎炎不熄必有自焚之咎

故火又喜水也　又如火能克金凡金無火

不能成形須假火以煆煉　珞琭子云金藉

火煆然後方能濟物所以金喜火也

論五行生旺

問曰何以謂之旺荅曰盛德乘時曰旺旺即帝旺同也又曰何以木旺在春火旺在夏金旺在秋水旺在冬荅曰旺乃得時乘四時而子母相繼又曰既子母相繼何以夏火旺而秋金旺此乃火克金爲鬼不爲子母相繼何也荅曰土雖分四維矣正旺乃在六月何以知之曰戊土寄祿于巳己土寄祿于午故先

以祿而後乘旺所以見土旺於未地乘時相繼者

春盛德在木故木旺木生火爲子子乘父業而夏盛德在火故火旺火生土爲子故六月而盛德在土所以土旺土生金爲子而秋盛德在金故金旺金生水爲子而冬盛德在水故水旺水生木爲子是以春又當木旺循環四時而轉也

大凡五行乘時而生是本身自得其旺若於

命中又見生旺是謂物極若失時而生是本身自無氣又於命中見衰絶是謂乘体物極謂之太過乘体謂之不及太過則反不及則濡當得其中而已又曰何謂得中何謂太過不及曰

得中者謂得時見休囚失時見生旺是謂得中也　珞琭賦云將來者進此失時見生旺功成者退此得時見休囚

太過者假如木命生於春本得時而却又逢

亥爲長生見寅卯而行東方旺地此爲太過
春木宜見休囚爲佳
不及者假如金命人生於春木得休囚無氣
了而又復見丑爲墓寅爲絕戌亥爲衰病此
爲不及春金宜見生旺爲佳其他只倣此循
環而論

傅樞密 諱伯壽 泉州人

辛酉木 丙申火 庚戌金 戊寅土

此木命人見秋則木死是謂失時而見寅

時乃東方木臨官鄉此之謂將來者進所以一身顯官至於此也

余狀元諱復三山人也　紹興元年

壬申　癸丑　乙酉　甲申

五行大論曰金剛則燥燥則折觀其造物蓋謂壬申金之自臨官又於日時上見申酉爲西方金旺之鄉是曰剛也兼以四柱中支干納音並無火則金難以成形又況金支於十二月則黑帝主事之時而乃水

氣盛之際物本自寒及乎日時又況二位水乃曰金寒水冷兼以大元壬癸之水不應去生甲乙之木而納音金不應去生乙酉甲申之水此爲盜氣也然爲大魁者蓋壬申年見甲申時乃食神同窠加以真詞館也貴不顯者謂金無火難成器及金寒水冷壽不永干元納音盜氣甚也

毛狀元諱自知瞿州人　開禧元年魁

丁酉　甲辰　丙寅　戊子

五行大論曰春木旺火相相者以待旺也而漸有炎勢生於三月乃清明陽壯正物渴之時則其火大盛干元丙丁火生於寅納音四位火相於春生於寅四柱支干納音只有一子爲坎水不能濟六位火則傷乎燥　經曰柸水不能救焚輿然爲魁者喜有丁酉酉有畢宿主雨甲辰爲魁龍也丙寅者寅中有箕宿主風戊子爲雷霆也此乃自畢至高造物所喜只傷以我風雨

助他用終不及鄒魁壬辰乙巳丙寅戊子以他風助我用及乎火向雷霆得壬辰水以濟用此有華有實而無淹滯也

論五行旺相休囚死

	旺	相	休	囚	死
春	木	火	水	金	土
夏	火	土	木	水	金
六月	土	金	火	木	水
秋	金	水	土	火	木

冬　水　木　金　土　火

問曰前言乘時爲旺何以春既木旺而却火相水休金囚土死此等何也答曰乘時者旺所生者相生我者休克我者囚我克者死此爲旺相休囚死也又曰何以謂相答曰相者助也父既得時子必助力助力者克鬼生財也何謂克鬼生財且如

春木旺木生火則火相木用土財火能生土木畏金克火能克金此謂克鬼生財子助父

力乃曰相也春水休者謂水能生木生我者父也予既得時登高明顯赫之地而生我者當知退矣　五行大論曰所況不然以子承父業子勞父逸逸則休休者羡之無極休然無事是以春時木旺水乃木之父故春則水休也春金囚者克我者囚也彼雖欲克我而彼不得時將來相氣承旺而被克必死雖未死而有死之道故曰囚所以春木旺金能克木而金不得時故曰春金囚也春土死者我

克者死也。春木旺，木克土則土死。　五行大論曰：草木發生，土散氣塵，所以春木克土則土死。

夏火旺，火生土則土相，木生火則木休，水克火則水囚，火克金則金死。　五行大論曰：大旱金石流，山土焦，砂石落，所以夏火克金則金死。

六月土旺，土生金則金相，火生土則火休，木克土則木囚，土克水則水死。　五行大論曰：水不死則火無形，所以六月暑氣增寒氣減。

喻於水死也

秋金旺金生水則水相土生金則土休火克金則火囚金克木則木死　五行大論曰金風蕩葉草木乾落所以秋金克木則木死

冬水旺水生木則木相金生水則金休土克水則土囚金克火則火死　五行大論曰大寒大凜水結冰凝火氣滅而寒氣增所以冬水克火則火死其他旺相休囚皆倣春季論所有得失吉凶具載前生旺篇一一依前篇

推之。是爲造化也

起月例（四柱論見二卷）

甲己之年丙作首　乙庚之歲戊爲頭
丙辛之歲庚寅位　丁壬壬寅順行流
戊癸但從何處起　正月便向甲寅求

起時例

甲己還生甲　乙庚丙子初　丙辛生戊子
丁壬庚子居　戊癸生壬子　遁甲以同途

起胎元例

但從月干辰取次字是支辰取第三位是也
假如甲寅月生即乙巳是胎元處

推坐命

正子　二亥　三戌　四酉
五申　六未　七午　八巳
九辰　十卯　十一寅　十二丑

看是何月生得甚時將生時加生月所居順行見卯即住是安命處
假令正月亥時生將亥加子順數至卯見辰

即辰爲坐命也干以年爲定如推月同甲己年則戊辰也

起大運例

凡大運陽男陰女數節候未來日了三日爲一年

陰男陽女數節候過去日了以三日爲一年

陽男陰女順行陰男陽女逆行

且如甲子命人三月十五日生是陽男數未來日了也即看何日立夏若是四月初二日

立夏自三月十五日順數去至立夏則十有七日即是五歲零八个月運從生月順行若女命謂之陽女即數過去節看清明是何日若是三月初二日為清明自十五日逆數至清明有十三日即四歲零四个月日運逆行

起小運例

男順行 一歲 丙寅　十歲 乙亥　二十 乙酉

三十 乙未　四十 乙巳　五十 乙卯

六十乙丑

女行逆一歲壬申　一十癸亥　二十癸丑

三十癸卯　四十癸巳　五十癸未

六十癸酉

嚴陵先生方氏三車一覽命書詳論卷之一

嚴陵先生方氏三車一覽命書卷之二

論四柱

夫命以年爲主爲父月爲兄弟僚友日爲本爲妻爲己身時爲子孫爲帝座平生爲榮辱之主首胎月爲本根爲母若月應年日應月此人必生於富貴之家更得時來應日終始相副尤更盡善　虛中云年爲主日爲本主勝於本當出資䕃本勝於主當由自立本主皆強此名最上五位中欲得抑揚歸中無太

過不及之患方作好命看若有一位不及必主有患禍大抵傷年主不利父傷月初主艱辛兼無兄弟不然有之不得力傷日主克傷或重而無救助謂之折腰殺主有凶禍無末主傷時主夭兼無子息又忌生年下生月日時三位年位上生下主損本氣兼破祖廕下生上增福德也若上生下得五行相逢乘生福氣亦作好命看若相乘生禍亦最不佳須要圓轉不可執一也

宋太諫諱淵 支

壬申　癸丑　丙辰　戊戌

此爲被月時上克丙辰日土遇丁未年水又生木木氣又重故主被誅所謂傷日主克傷者此也其他傷年月時各以消息論之

論太歲

問曰何以謂之太歲答曰其命中四柱以本生年曰太歲也其逐年太歲以六十甲子輪

轉也今之日者皆以太歲作衆人之論此說未善且如甲子生人又見甲子此可以衆人論之說凡當生太歲須要日月時相生相應造化和順則根基牢固一生有卓立成就若見支干五行不順反克衝破則爲傷本主主無壽及被刑帶殺反生月日時主損本氣破祖業夫太歲君也主一年之禍福運則臣也大抵要君臣和悅不要刑戰及要與帝座相和不要刑衝克害又怕與生時相併經曰生

時怕逢眞太歲眞犯者謂申子時見太歲甲子及大運要與歲君相和亦不要相併且如大運甲戌而又見甲戌太歲謂之歲運相併者有命君子得之謂君臣慶會其年利奏對有面君之喜若小官得之則爲不羙若當省士人得之有高中之喜既蘭省中則有奏對之象其人雖得此又要與帝座和協方爲奇特若是常俗小人見太歲與大運相併最爲不善若見生時相和爲灾則輕若生時不協爲灾甚重

經曰太歲當頭立諸神不敢當若無官事擾定則主重喪

論月

虛中篇補遺六世之談命以謂好月不如好日好日不如好時此亦衆人之見耳其意以謂月則大率爲日之三十而時日多得之獨也殊不知得日時之吉而月不應反爲無用生月在所緊也若日時是本生年之福宜歸運元生旺處以扶助之若日時是本生年之

禍宜歸運元克制處以潛消之故官印貴人祿馬財星宜在運元生旺處爲佳土多窒塞宜歸運元疏通處水多泛濫宜歸運元歸宿處火多暴露宜歸運元晦息處金木太強宜歸運元沉潛處或則運元集生時之福或則運元發福於生時運元月也盖行運從月建起也所以謂之運元凡吉凶禍福又各以五行消息論不可執一

張運使諱杲

庚申　丙戌　戊子　戊午

此庚申木本爲旺火所焚得運元消生時之禍也

論曰

凡以年爲主月爲本日爲身爲妻爲中限大率以日應副年月　傳曰日者三辰之陽帝王之象發舒光輝無往不照而衆所瞻仰以奉明德也謂如年月既以支爲命　又曰但看財命有氣縱背祿而不貧

洪孚仲尚書

己丑　丙寅　丁巳　辛亥

此命寅中有官祿甲作官丁巳踐祿辛亥名位馬帶金爲馬頭帶劒平生官況穹崇中年財祿儲蓄不貲盖中主丁巳乃金財長生末年火至多就絶傷金破盡平生所積

論時

時爲平生鎡基爲末主爲子孫帝座凡五行不可太過不可不及行運亦如之　諸家命書云好年不如好月好。日不如好時此説甚

切但只得年月發福處不要生時破壞若敗
聚處仍要生時解釋

張時舉大夫

甲子　甲戌　丙午　乙未

此命甲木歸聚生時乙未上逢貴人相還
故乙未年乙當四柱集福於帝座陽木喜
墓故也

論運

問曰何以謂之運答曰運者動之象也如車

論之轉其運字上以緜頭覆之以象于天下以之遶從之以象輗軏中有一車將

金氣弱在寅午戌亥生日得巳酉亦佳且如日爲生年之官星印綬天財貴人祿馬食神宜歸生時集福最不得月日時上下相併相克此則中限破壞傷妻居官歇滅若更重者本身主凶災切須照應上下看如何集福如何傷破且以甲言之日辰是辛官宜歸巳酉日不要帶丙丁重如日本是生年之財宜歸

庫墓生旺之地若歸死絶休囚之地主破祖業年月日五行或太強宜歸時上下抑之或太弱宜歸時上崇高之陽神帶生旺宜晦息陰神帶休囚死絶宜生旺得時時祿時馬貴人皆吉　鬼谷子云日得時祿謂之青雲得路格　又云鸞臺鳳閣貴人此說爲福亦有緊慢只如十干中每位有六神且以六甲言之見丙寅皆是名位祿甲子見之火金造化又是支神子水驛馬故爲福緊甲戌見之同類

爲朋甲申見之祿馬中有長生財又不可他位水多甲午見之尤能爲福葢强得之金喜於沉潛克制甲辰見之是本空亡不甚爲福大凡見祿近處勝於遠處如壬戌見辛亥者吉壬子見辛亥亦吉戊午見癸巳雖是側轉就祿然遠向不如近背又看生年符合如何先要日本與生時相濟方始有晚祿又次看財命有氣　珞琭子云陽男陰女陰男陽女以其逆順數筭運元自生月起十年移一宮

也主十年禍福詳見前起運

小運乃行年之氣數男一歲丙寅順行女一歲壬申逆行一年移一宮乃逐年之氣數詳見前起運

又曰何以詳其休咎曰詳其休咎者先論根基厚薄次觀運氣輕重凡論命以天元爲幹以地元爲枝以四柱曰根基詳其理命狀如樹木也使其木始之栽培得地根基壯厚則無問四時而秀茂更逢春則枝葉繁華花蕚

秀麗使之花謝必能成實成實之後猶自枝葉崢嶸此乃命之根基好而又行吉運也若其木栽培不得地根基淺枝葉若逢春亦開花終不燦爛及花謝應無結果頓然空樹此乃命不好而倏然得運若其木栽培不得地全無根基枝莖枯又不逢春花不開葉不茂乃蹇淺庸材之木此乃命不好又不得運終身貧薄　齊桓公曰雖有鎡基不如待時

洞玄經云基本豐隆運氣贊輔集福萃也命好

運好基本卑微運氣顛蹶併懼咎也命不好又無好運也

基本與隆運氣衰弱稍歷艱辛未至困窮運命好不得好運基本卑微運氣豐厚亦未借力未臻顯著命不好得好運此四者其言甚妙小運逐年移

要與大運和互吉爲祥刑衝爲咎

論五行寄生十二宮循環數

學堂詞館正印附

金生在巳　木生在亥　火生在寅

水土共生在申順行十二位

長生　沐浴　冠帶　臨官　帝旺

衰　病　死　墓　絶　胎　養

問曰何以謂之長生（長字上聲）答曰有母必有子巳中有戊寄宮之土土能生金則金生在巳亥中有水水能生木則木生在亥申中有金金能生水則水生在申寅中有木木能生火則火生在寅

又曰何以土亦生於申曰申乃西南屬坤土到西南得朋乃曰利亨是以土亦生於申又

曰何以長生前曰沐浴次之以冠帶又次之以臨官帝旺與夫衰病死墓絶而復胎養迤邐十二宮循環無端周而復始又何以論之曰造物大體與人相似人生遺母腹中謂之生既生矣必當沐浴沐浴之後須當冠帶冠帶之後則用臨官臨官之後必乘旺既旺則復衰衰則病病則死死當葬而墓絶則再投胎入腹又復當養養則又生此循環十二宮只如人世輪迴也大凡命中見生旺未必便

作吉論見休囚死絶未必便凶且如丙寅自生火辛巳自生金己亥自生木巳上五者各持自生之勢自生與自臨官自帝旺等同論而後必欲歸死絶之鄉若乃自執生勢了又見臨官帝旺於造物中太盛火盛則當用水以濟金盛則當假火以鍛木盛則當用金以琢土盛則當用木以踈水盛則當借土以止又曰物極爲盛何以制之則昌曰假如丙寅自生之火又見生旺則炎炎太燥謂之

火出木燼灰飛煙滅當用水熄其炎勢
辛巳自生之金而又見生旺則曰剛燥謂之
剛礦則折當用火柔其剛勢
己亥自生之木若更見生旺則葉盛枝茂
珞琭子云木盛花茂狀竊雲而不雨徒有鬱
鬱之秀終無成器之榮當用金挫其煩勢
戊申自生之土若更見之旺氣則曰窒塞謂
重濁徒增高而不秀麗當用木以通其窒塞
之氣

甲申水之自生若又見旺則曰氾濫謂之滔滔不止必存崩隄潰岸之虞用見土以止其傾勢又如

甲子自死之金壬午自死之木丁酉自死之火己卯自死之土乙卯自死之水已上五者各歸自死之鄉與自衰自敗自絕自墓同然後必欲見生旺之氣本身自在死絕之中更見衰敗絕墓於造物失乎大柔若死絕又見衰敗無氣者金當用見土　五行大論曰金死失剛當用

土助　木當用見水　五行大論曰木死枝
枯當用水以滋助　火當用見木　五行大
論曰火死無形當用木以生之因薪見光
土當用見火　五行大論曰土死氣塞當用
火以溫燠　水當用見金　五行大論曰水
死氣濁當用金助其清此造物雖如是論又
在人之通變　珞琭子云五行通道取用多
門理於賢人亂於不肖　又云妙在識其通
變屈拙猶伸巫瞽每於調絃難希律呂其言

甚善通變者喻如有生而不生旺而不旺生不生者逢生處見克火見甲寅也旺不旺者旺處受傷火見丙午是也又有死不死絕不絕死不死者死處逢救如金命見庚子是也絕不絕者絕處逢生如金人見戊寅是也他倣此例洞玄經云衰不能救旺中之鬼絕不能救生中之財謂衰絕不能助力也鬼衰乘救其灾愈隆絕遇相生其福必厚於中又有對旺相克對衰相傷對旺相克者如癸酉見辛卯癸酉金辛卯木金雖欲克木而二者各乘主勢對衰相傷者如己未

見庚戌（己未火庚戌金火雖克金而各自衰不能相傷）若對旺相克者必畏對衰相傷者未憂　洞玄經云兩貴不能扶持對旺而克者爲重兩賤不能相使對衰而克者稍輕雖曰相生越雞不能覆鵠卯雖曰相克盃水不能救焚輿詳其理固不可一途而取執歟

學堂詞館

復問曰何以謂之學堂詞館荅曰夫學堂詞館者只長生臨官處是也　壺中子以正印

作詞館論非也正學堂乃長生是如金命見辛巳是爲眞學堂

正詞館乃臨官是金命見壬申是爲正詞館

凡學堂詞館切不要犯空亡及衝破支干納音不要見克方爲得用

祝勝經云甲辰丙寅學堂不眞或成富麿官職早貧讀書修學空有虛名雖甲辰火命見丙寅是眞學堂終犯空亡

理愚歌云學堂如更朝驛馬位極勳高歷天下此言學堂有祿也

又云生來祿馬若同鄉詞館又兼眞學堂遇

中不遇人誰會不遇如何福祿昌遇不遇者謂犯空亡及受克衝破也又云文星聚處人中瑞聲華獨冠英雄輩降生只逢甲學堂才學豈能爲拔萃甲學堂亦是衝破受克也又況命若入格合造化又不若在學堂詞館上而得也

京丞相諱鏜洪州人

戊午　己未　辛巳　庚寅

此謂學堂有氣詞館無衝正合理愚歌云詞館又兼眞學堂者也

正印

又問曰何以謂之正印印荅曰正印印者乃五行之正庫是也（墓處是為庫也）金命見乙丑　木命見癸未　火命見甲戌　水土見壬辰丙辰（須得本家者方是所以謂之正也）

理愚歌云祿馬四庫又須求盡在五行元葬處（此表得墓為印庫也）本家者即前所謂（金命見乙丑木命見癸未之類方為是也）見別未是不可便作正印

御製言談云生逢正印印必拜玉堂但用命合格貴氣相扶方爲吉也

劉侍郎諱𪼇建寧府人

甲子　乙亥　己丑　乙丑

此乃合格命方可用乙丑爲本家正印正合

御製言談之意

論十干合

乙與庚合　丁與壬合　甲與己合

丙與辛合　戊與癸合

問曰五行論中以金能克木木能克土土能克水水能克火火能克金夫何乙木却與庚金爲合甲木却與己土爲合丙火却與辛金爲合丁火却與壬水爲合戊土却與癸水爲合此皆不爲克而爲合何也荅曰凡陽見陽二陽相競則爲克陰見陰二陰不足則爲克陰見陽陽見陰陰陽和則爲合也夫

甲丙戊庚壬爲陽　乙丁己辛癸爲陰是以

合也

乙庚合

東方甲乙之木畏西方庚辛金之所克甲屬陽爲兄乙屬陰爲妹甲兄遂將乙妹嫁于金與庚爲妻庚得陰陽和合不相傷也所以乙與庚合

歌曰

甲乙東方木畏金　還將乙嫁合庚辛
春時木旺乙歸本　所以群花開綠林

乙雖嫁與庚爲妻而春來木旺金因木不畏金克乙歸就甲究竟不免在金家懷胎歸木家產木色青金色白是以春來園林自青葉開白花

丁壬合

南方丙丁火畏北方壬癸水克丙屬陽爲兄丁屬陰爲妹丙兄遂將丁妹嫁于水家與壬爲妻庶得奇偶和合不相傷所以丁爲合也

歌曰

南方火畏北方水　所以將丁嫁與壬
夏乃丁歸將應丙　桑椹熟時當紫林
丁雖嫁與壬為妻而夏來火旺水因火不
畏水克丁遂歸火家就丙然不免就水家
懷胎歸火家產水色黑火色赤小滿後桑
椹熟當有紫色
甲己合
中央戊己土畏東方甲乙木所克戊屬陽為
兄己屬陰為妹戊兄遂將己妹嫁于木家與

甲爲妻庚得陰陽和合而不相傷所以甲與己合

歌曰

戊己中央忌木刑　己來妻甲合歡情
六月己還歸戊本　果實雖然熟帶青
己雖嫁甲爲妻而六月土旺木因土不畏
木克己遂歸土家就戊然不免於甲家懷
胎歸戊家產土色黃木色青所以六月甜
瓜雖熟肉黃皮青此篇論可見土正旺在六月也

丙辛合

西方庚辛金畏南方丙丁火所克庚屬陽爲兄辛屬陰爲妹庚兄乃將辛妹嫁于火家與丙爲妻庚得二家和諧而不相傷所以丙與辛合也

歌曰

庚辛性怯南方火　所以將辛配丙同

秋分火死辛歸去　褁赤霜刑落葉紅

辛雖嫁丙爲妻而秋來金旺火囚金不畏

火克辛乃歸金家就庚然不免於火家懷胎歸金家產火赤金白秋中棗熟有半赤半白之狀楓葉丹

戊癸合

北方壬癸水畏中央戊己土克壬屬陽爲兄癸屬陰爲妹壬兄乃將癸妹嫁于土家與戊爲妻庚得陰陽和順而不相傷所以戊與癸爲合也

歌曰

北方水畏中央土　戊癸懽情偶室房
元冬水旺癸還舍　土孕和凝殺草黃
癸雖嫁戊為妻然冬來水旺土因水不畏
土克癸遂歸土家就戊不免於戊家懷胎
歸壬家產水黑土黃嚴冬霜雪彫草木死
而黃出
此干元合要不雜假如
一甲見一己或己見甲亦同謂之合若一甲見兩己
一己見兩甲皆謂陰陽偏枯　壺中子云二

氣偏枯老爲俗物餘合效此又如干合更見支合乃曰天地得合支干合者如甲子見己丑也凡見支干俱合當在一句内見者乃曰君臣慶會若見合在兩句中謂之夫妻聚會盖世事有本國之君有本國之臣未嘗有本國君有異國臣所以在一句内見方曰君臣慶會也世事却有本郡之夫而有他郡之妻所以各句見只謂夫妻會聚也乃上下和同也一句者如

甲戌見己卯甲辰見己酉之類

異旬者如甲子見己丑甲午見己未之類若是見合又須要和氣貴神相助方爲有用若不和内有衝破受傷合中有刑殺皆爲不吉

珞琭子云有合無合後學難知有合者和會無合者仇讎

御製言談云合中帶祿定是台侯合處相傷反爲無補

眞宏詞諱德秀建寧府人

戊戌　壬戌　壬申　癸卯

此乃天地得合共一旬中見正曰君臣慶會也又戊戌木命生於深秋氣寒而喜見卯東行有溫和之氣乃曰寒谷生春又秋木失時喜見卯而旺也此爲造物相扶始爲奇特也

嚴陵方氏三車一覽卷之二

三車一覽 三之六

嚴陵方氏三車一覽卷之三

論十干化氣

甲己化土　乙庚化金　丙辛化水

丁壬化木　戊癸化火

問曰甲屬木己屬土何以化土乙屬木庚屬金何以化金丙屬火辛屬金何以化水丁屬火壬屬水何以化木戊屬土癸屬水何以化火何以論之荅曰此乃五行眞氣數化者謂一生二二生三三生萬物凡數至三則變化

無窮矣又曰十二生肖中惟龍善能變化凡遁中三數遇龍隨其所屬而得其氣也且如甲己遁起丙寅爲一數丁卯爲二數戊辰爲三數見辰爲龍而得戊屬土所以甲己化眞土也

乙庚遁起見戊寅爲一數己卯爲二數庚辰爲三數見辰爲龍庚屬金所以乙庚化眞金也

丙辛遁起庚寅一數辛卯爲二數壬辰爲三

數見辰爲龍而得壬辰壬屬水所以丙辛化眞水也

丁壬遁起壬寅爲一數癸卯爲二數甲辰爲三數見辰爲龍而得甲屬木所以丁壬化眞木也

戊癸遁起甲寅爲一數乙卯爲二數丙辰爲三數辰爲龍而得丙屬火所以戊癸化眞火也夫化氣眞五行慮命中於五行內無者爲用也假如命中支干納音皆無水而失造化

若有丙辛可以化真水也餘效此論

論十二支得合謂之六合

子與丑合　寅與亥合　卯與戌合

辰與酉合　巳與申合　午與未合

問曰何以謂之支元六合子寅辰午申戌六者爲陽丑卯巳未酉亥六者爲陰是以一陰一陽和而之謂合　易曰一陰一陽之謂道

又問曰然是一陰一陽和而謂合何故子合丑寅合亥却不子合亥寅合丑乎曰造物中

雖是陰陽爲合氣數中要占陽氣爲尊
子爲一陽丑爲二陽一二成三數
寅爲三陽亥是六陰三六成九數
卯爲四陽戌是五陰四五得九數
辰爲五陽酉爲四陰五四得九數
巳爲六陽申爲三陰六三得九數
午爲一陰未爲二陰一二得三數
子丑午未各得三者三生萬物餘皆得九者
乃陽數極也此即以月建與日月合論之假

如十一月月建在子日月合在丑是子與丑合也餘倣此例凡命中有合祿合馬合貴

珞琭子云是從無而立有謂見不見之形也從無立有者喻如甲生以寅爲祿而不見寅而見亥謂之合祿寅生人以申爲馬不見申而見巳謂之合馬甲戊庚人以丑未爲貴不見丑未而見子午謂之合貴大凡男人忌之於合絕女人忌之於合貴　經曰明合不如暗合拱實不如拱虛此之謂也餘倣此例論

之若支元得合而干元又合者其詳論在十干合中

論支元三合化局附

亥卯未　寅午戌　申子辰　巳酉丑

問曰何以謂之支元三合荅曰三合者如人一身之運用也精乃氣之元氣乃神之本精氣神不散而合是以精爲氣之母神爲氣之子子母互相生不散爲合盖謂支屬人人元故以此論之如

寅午戌合寅乃午之母戌乃午之子謂寅木生午火午火生戌土也所以寅午戌爲合也

申子辰合辰乃申之母子乃申之子謂辰土生申金申金生子水也所以申子辰爲合也

巳酉丑合巳乃丑之母酉乃丑之子謂巳火生丑土丑土生酉金也所以巳酉丑爲合也

亥卯未合亥乃卯之母未乃卯之子亥水生卯木卯木生未丁火所以亥卯未爲合也

又問曰何以亥卯未爲化木局巳酉丑化金

局寅午戌化火局申子辰化水局荅曰洪範所陳五行水曰潤下申子辰是也火曰炎上寅午戌是木曰曲直亥卯未也金曰從革巳酉丑也土爰稼穡辰戌丑未何以知之曰申乃水生子乃水旺辰乃水庫生則產也旺即成也庫即收也有生有成有收故曰得始而得終遂以申子辰爲化水局也巳乃金生酉乃金旺丑乃金庫遂以巳酉丑爲化金局也

寅乃火生午乃火旺戌乃火庫遂以寅午戌化火局亥乃木生卯乃木旺未乃木庫是以亥卯未化木局須用三字全方成化局若闕其一則化不成局也如見辰戌丑未四字全又作土局論此爲三合化局凡人命中有合又要得局爲佳得局者假令

丙丁生人見亥卯未巳酉丑爲得局丙丁屬火以亥卯未木生火以巳酉丑金爲財見寅午戌爲本局見申子辰爲鬼局見辰戌丑未爲脫局又如

丙生人見巳酉丑爲三會祿格謂丙生人以巳爲祿得巳酉丑爲合丁生人見寅午戌謂丁祿居午見寅午戌合珞琭子云祿有三會又云得一分三前賢不載壺中子云得一分三折月中之仙桂此之謂也其他皆倣此局例

梁丞相諱克家泉州人　紹興三十年魁

丁未　癸卯　癸亥　癸丑

丁生人見亥卯未爲得局

留丞相諱正泉州人

己酉　丙子　甲辰　壬申

己酉見甲辰乃旬中見天地合正君臣慶會又況己人得申子辰財局爲佳蓋己生人以甲爲官星甲屬木申子辰水生木乃官星受生所以歷三朝執政又正拜爲宰相豈非命耶

論十干食神

甲食丙兮丙食戊　戊食庚兮須堅固

庚壬壬甲兩相吞　此是食神眞逕路

此乃陽食神

陰食神

乙食丁兮丁食己　己食辛兮辛食癸

癸乙相逢順却昌　逆食之時終不羡

問曰何以謂之食神荅曰食者若子養父也

如父老則待子以贍乃曰食神又云何以甲

食丙乙食丁曰甲乙木生丙丁火爲子壯而

必生衰老則待子以侍養故甲食丙爲陽乙

食丁爲陰他效此

凡食神須用食地有氣不犯空亡帶生旺見祿馬貴人皆爲吉若犯空亡無氣無福神皆爲不用　司馬季主云食神若遇空閑大抵難逃憔悴其言必要有福爲佳壺中子云食神嫌倒爭啜爭哺忽併相臨乏乳乏漿有餘則食前方丈不足則簞食豆羹其言未善大抵食神不問倒與順只欲有氣見福神爲奇

指迷賦云食神一二當用處一代於三若遇

空閑遇三重不反於一　洞玄經云一我食三彼彼無氣兮我何享三彼食一我我居高而我何懼喻如

一甲食三丙雖順而三丙皆無氣實爲空也又如　三丙返食一戊是爲梟食若戊有氣居福神上又何慮焉詳論見洞玄經甚妙又有食神同窠者更得福氣相和最妙而爲榮貴食神同窠如

甲子見丙子乙丑見丁丑之類

秦太師諱檜建康人

庚午　丁亥　乙未　壬午

此爲入格又庚午見壬午謂食神同窠又就食神見祿豈不美哉

錢太尹開封府主

丙寅　甲午　甲戌　甲戌

此三甲梟食一丙喜丙火生仲夏而得時又居寅在長生地加之就食見祿凡命以年爲主一身有祿而衆人受之喻如一子

受皇恩全家食天祿之謂也

論官星印綬

甲用辛爲官　　癸爲印綬

乙用庚爲官　　壬爲印綬

丙用癸爲官　　乙爲印綬

丁用壬爲官　　甲爲印綬

戊用乙爲官　　丁爲印綬

己用甲爲官　　丙爲印綬

庚用丁爲官　　己爲印綬

辛用丙爲官　戊爲印綬

壬用己爲官　辛爲印綬

癸用戊爲官　庚爲印綬

問曰甲乙以庚辛爲官何以甲用辛爲官星乙用庚爲官星何也答曰純陽純陰則爲鬼陰陽相制則爲官也且以甲之陽木用庚陽金爲鬼乙陰木用辛陰金爲鬼又曰何以謂之官曰謹其身則爲官甲之陽木用辛之陰金制之爲官乙之陰木用

庚之陽金制之爲官也陽乃剛也陰乃柔也剛柔相濟徤順相資則爲官制者謂謹也凡人有命在身守己如臨深淵如履薄冰所以用制則爲官也他官星皆倣此例論近有化成書論官星大謬有正官有偏官有管成官大抵三元只共有二十七个字上至卿相下及庶人皆在二十七字中出不逃此二十七字之外二十七字者干元十字支元十二字納音五字若以正官偏官又有管成官斯天下之人皆是貴命按

太乙經論官星畏克謂之福基受傷其他官星受克皆依此例以論凡福基受傷非爲文人畏之難得功名成就他人皆畏之犯者决一生困苦設使富足亦主無後不然促壽　鬼谷遺文曰設使已前逢富貴定知日後怨咨嗟此論官星所出也

又問曰何以謂之印綬曰印印者權柄也綬色服也凡是官星所食之神爲印綬也何以謂之曰如人有官當食祿時方有主印之權既

當主印之權必有食祿所以官星見食神處爲印綬也假令

甲人以辛爲官星辛食癸則癸爲印綬

乙人以庚爲官星庚食壬則壬爲印綬他皆依此

大抵人命中既有官星須用印綬相扶有印綬必用官星爲主

指迷賦云有官無印難求清顯之名有印無官發不在迅速之内詳此理官印以全爲妙於中有無官無印者爲貴何也無則全無又爲奇若命入格合造化

亦不在乎官星及印綬而爲大貴既有官星印綬在命又要有氣及不犯空亡之類　司馬季主云時日生逢官印須憑有氣之鄉或遇衝破空亡此等遇如不遇　祝勝經云官印全則乘使者之車官印破則爲賤吏之輩又況官星印綬要來刑命爲吉若命去刑官星印綬者亦謂之刑破凡官星印綬只見一位者爲良若見二三者謂之官亂最爲不美官亂者如一甲見二辛三辛之類印亂者如一甲見二癸三癸之類主性不

一自恃強良　洞玄經云天官惡而吉去盖謂官以制而名然官不宜過多過於大極則反矣譬如斧斤之治木不已則木傷折矣詳此理則官星印綬多則反亂矣

葉龍圖 諱三省 嚴州人

甲子　己巳　癸未　辛酉

此甲人以辛爲官星辛金旺於酉又是天福貴人甲以癸爲印綬甲貴在未正謂官印帶貴　神白經云面前官印喜非常烜

赫才高坐廟堂兼不犯衝破一生仕路騰踏

沈通判諱衢州人

庚子　丁亥　己丑　庚午

此命官星印綬全俱到時上逢祿終嫌亥子丑俱屬北方水星傷丁火泛己土是曰福基受傷雖幼年登第而一生多蹇剝終不能守土也

傅狀元諱行簡明州人　嘉泰二年

戊子　甲寅　甲寅　甲子

造化論曰戊用乙爲官星戌用甲爲干鬼奈一戊之土何緣禁得三位甲木反傷然爲大魁者謂戊曰拱貴也又喜火到此長生而爲學堂然重寅生旺必盛行乎納音水以濟之此爲吉也然則官與壽不享者只嫌天元反克之爲甚也若以化成書論戊人以甲爲偏官大謬却又云二位偏官可作一位正官使此乃謬之又謬歟

嚴陵方氏三車一覽卷之三

嚴陵方氏三車一覽卷之四

論三奇

天上三奇乙丙丁　地下三奇甲戊庚

問曰何以謂之奇曰奇者異也物以貴爲奇天有奇莫貴乎日月星也然日月星乃三光故曰三奇以乙爲日丙爲月丁爲星所以有此三奇地之奇者甲爲陽木之魁戊爲陽土之君庚爲陽金之精所以地有此三陽物爲奇居乎天地尚以爲奇況人命見之豈不喜

耶大抵三奇一者要順不欲倒亂二者要得地何以謂之順乙丙丁甲戊庚顯然排列爲順也何謂得地如天三奇當用列于天門之上則三光有所依附天門者乾也人命旣尒天元有乙丙丁顯然而順常要支元有戌亥方是戌謂亥屬乾乾爲天也又況然有乙丙丁設使順而得地又不欲支元寅酉丑卯巳之類何也盖寅中有箕宿主風酉中有畢宿主雨丑卯爲風雷巳屬巽爲風旣有日月星

若見風雷雨則三光失明奇不得時也若無戌亥則三光無所依附也地地下三奇須用見申申申屬坤坤爲地然有坤則甲陽木得之戊陽土得之庚陽金得之沖和雍厚生成萬物若有甲戊庚而順如無中則爲無用　易曰西南得朋東北喪朋此之謂矣　理愚歌曰三奇天乙見生時館殿清華世所稀此乃三奇見貴而得用　御製言談云三奇之濟尚有虛聲　理愚又云三奇倒亂字中虛没齒

終爲一腐儒徹䨓吉殺分毫力且免平生貧賤徒　壷中子云三奇倒亂呂望爲白頭釣叟詳諸先賢之語皆欲順而得地方爲奇也

蔣內翰諱之奇婺州人

乙亥　丙戌　丁未　戊申

此命爲三奇順而又得地更天門地戶全也

論十干祿

甲祿在寅　乙祿在卯　丙戊祿在巳
丁己祿居午　庚祿居申　辛祿居酉
壬祿在亥　癸祿在子
問曰何以謂之祿荅曰祿乃爵祿也當得勢
而享乃謂之祿　又曰何以甲以寅祿乙以
卯祿曰自始分十干十二支時便以甲乙配
同寅卯居東丙丁配同巳午居南庚辛配同
申酉居西壬癸配同亥子居北盖謂祿隨旺
行所以甲以寅祿乙以卯祿戊寄于巳己寄

于午謂巳午乃火旺之鄉此謂子隨母祿餘者皆以是論又曰何以十干就支神爲祿內有辰戌丑未四宮不爲祿何也曰辰戌丑未爲魁剛名曰邊鄙丑未乃天乙貴人出入之門魁剛乃惡地祿元不寄丑未爲貴人門祿元避之所以辰戌丑未四宮祿元不寄也又問曰凡人命帶祿或吉或凶或貴或賤又何以論之荅曰祿未可以全靠便爲吉論

太乙妙旨云君不見祿馬貴人無準托考究

五行之善惡天元羸弱未爲灾地氣堅牢足懽樂　源髓歌云祿馬更有多般說自衰自死兼敗絶　司馬季主云祿多馬少使主神勞祿少馬多能操善負命之見祿要簡而不要煩又且要祿干不返傷本主不犯梟食爲佳　洞玄經云甲以寅祿庚壬本非駕　珞琭子云祿馬同鄉不三台而八座其言未可便以爲吉也　韓瑎命書云祿馬同鄉者有孤孀祿馬之說孤孀祿馬者如甲子見丙寅

庚午見壬申此雖祿馬同鄉殊不知甲子乃一陽乙丑乃二陽丙寅乃三陽純陽無陰也庚午見壬申者庚午乃一陰辛未乃二陰壬申乃三陰純陰而無陽此二者皆謂之孤孀祿馬何謂丙寅爲純陽壬申爲純陰蓋陽遁丙寅爲先所以男行年起丙寅女行年起壬申此爲純陽純陰也凡命中有祿惟嫌於無氣怕衰絕最不要犯衝謂之破祿破祿者如甲以寅祿見申衝之是謂破祿乙以卯祿見酉衝之爲破祿餘倣此例論源髓歌云破

印破財并破祿破馬少曾為命祿此說相衝也又嫌犯空亡　沈芝云祿入空亡何所知虛名虛譽是堪嗤此說嫌空亡又況命中有暗祿有拱祿得此更妙暗祿謂合祿也如甲以寅祿無寅見亥是也餘倣此拱祿謂拱於中也如甲以寅祿居乎中不見寅而見丑卯在兩傍而拱之謂之拱虛拱實者如甲人見寅又見丑卯是也餘倣此大抵命入格合造化亦不專在祿上也

黃狀元諱甲平江府人淳熙八年大魁

庚午　丁亥　庚午　甲申

此乃祿馬同鄉而有氣天元不返傷納音順克正如珞琭子云祿馬同鄉不三台而八座者正謂乎此也

大大王

甲子　丙寅　甲子　丙寅

此亦名祿馬同鄉爲福爲貴終嫌犯孤孀而不能享壽享福歟

西安老子在建寧府建陽縣后山西安寺

甲子　乙亥　辛巳　庚寅

此祿馬同鄉終嫌干元返傷支元寅巳刑破壽踰七十癸酉春首遭劫寇十餘人衆手毆死經官檢驗死于狼藉中先亨清貴福無過祿馬也後遭惡死乃祿頭帶鬼又犯刑害也　洞玄經云甲以寅祿庚壬本非駕又云祿可以興騰有時乎無用其言甚善

論天乙貴人

甲戊庚牛羊　乙己鼠猴鄉

丙丁猪鷄位　壬癸兔蛇藏

六辛見虎馬　此是貴人方

十干臨十位　不臨魁與剛

問曰何以爲之天乙貴人荅曰夫天乙者在紫微宮門外事天皇大帝下遊三辰家在己丑斗牛之次出乎己未井鬼之舍執玉衡較量天人之事乃上天之神而曰天一也又曰何以謂之貴人荅曰貴以喜而位禮以和爲貴乃曰貴人又曰何以甲戊庚以丑未爲貴曰

甲戊庚者甲陽木乘少陽之氣生乎東方至巳而陽用事畢矣故退藏未而爲貴庚陽金乘少陰之氣而生乎酉至亥而陰用事畢矣故退藏於丑而爲貴戊陽土沖和中央播於四時甲因之萬物生庚因之萬物成則生成之理畢矣此三者到丑未以喜而爲貴也又曰何謂乙己用申子爲貴曰乙乃陰木己乃陰土二位無氣失類而無所居必待申子生旺水土滋養充實補助不足

此二者喜見申子而貴又曰何以丙丁酉亥爲貴曰
丙丁之火當盛夏則其性至酷而害萬物性熄於酉藏於亥以西北成齊之氣而和矣此二者以酉亥陰氣和而爲貴也又曰何以壬癸卯巳爲貴曰
壬癸之水至窮冬則其性嚴而殺萬物唯畜於卯潛於巳以東南溫燠之氣和而爲貴此二者以巳卯陽氣和而爲貴也又曰何以六

辛以寅午爲貴曰

辛乃陰金執方不能自化須用假寅午生旺之火剉剛革而成形爲貴此辛者乃寅午成而爲貴也近輩以庚辛見寅午爲貴人大謬也又曰十干臨十支外有辰戌二位而貴不臨何也曰辰戌乃魁剛惡弱之地而天一不臨所以不爲貴也壺中子云辰戌名爲邊鄙天一不臨此之謂也凡命中有見貴人而吉者亦有見而凶者何也曰凡貴人所臨之處亦要有

理愚生旺無衝破道理順不落空亡爲佳

歌曰貴人或落空亡裏祿馬背違如不值

洞玄經云貴人嗔則凶來何以謂之嗔曰天

元納音意不相和爲嗔也

賈狀元諱點　慶曆七年魁

壬戌　丁未　己酉　丁卯

此年月日時四位干神貴倂在日時上順

而相生無返克之惡方爲貴也

守土人命不欲顯姓名

癸丑　丁巳　己卯　丁卯

此四柱中互換見貴人支干傷而不已雖至乘直大夫而末後被追官刺面安致袁州此方近壬子年事也

論天官貴人

天官遁甲入羊群　乙貴清龍事可陳
丙見巳兮爲官貴　己共壬人酉戍尋
戊用卯兮庚宜亥　辛喜申兮丁愛寅
六癸之人逢見午　必作清朝顯職人

問曰何以謂之天官貴人荅曰貴人者只如前天一貴人篇同論天官者謂官星所居之地以本旬遁得支元是也如甲人以辛爲官星本旬遁得辛未所以未爲天官貴乙人以庚爲官星本旬遁見庚辰所以辰爲貴也

丙人以癸爲官星丙本旬遁見癸巳所以巳爲貴也餘皆傚此例論雖然命中有得者尤要天元清秀不反傷納音和而福神助乃爲

吉也　洞玄經云天官惡而吉去惡乃反傷反克不順無氣爲惡

余狀元諱申

庚寅　戊子　癸亥　癸丑

此庚寅見癸亥三元皆有和氣所以爲貴也

方縣丞諱應之嚴州人

丙寅　壬辰　丙申　癸巳

此乃丙人見癸巳乃得正天官貴也只傷

癸巳自絕之水反克丙寅自生火水絕無歸爲鬼愈甚其年癸未十八歲登科至二十年只在選人方再任而不祿可謂天官惡而吉去

論天福貴人

甲愛金鷄乙愛猴　丁猪丙鼠己寅頭
戊尋玉兎庚壬馬　辛癸逢蛇官未休

問曰何以謂之天福貴人曰貴同前篇論天福者謂官星就處見祿是爲天福如人有官

甲戊庚者甲陽木乘少陽之氣生乎東方至巳而陽用事畢矣故退藏未而爲貴庚陽金乘少陰之氣而生乎西至亥而陰用事畢矣故退藏於丑而爲貴戊陽土冲和中央播於四時甲因之萬物生庚因之萬物成則生成之理畢矣此三者到丑未以喜而爲貴也又曰何謂乙己用申子爲貴曰

乙乃陰木己乃陰土二位無氣失類而無所居必待申子生旺水土滋養充實補助不足

此二者喜見申子而貴又曰何以丙丁酉亥爲貴曰

丙丁之火當盛夏則其性至酷而害萬物性熄於酉藏於亥以西北成齊之氣而和矣此二者以酉亥陰氣和而爲貴也又曰何以壬癸卯巳爲貴曰

壬癸之水至窮冬則其性嚴而殺萬物唯當於卯潛於巳以東南温燠之氣和而爲貴此二者以巳卯陽氣和而爲貴也又曰何以六

而又得祿莫非天福也假如

甲生人以辛爲官星辛祿在酉是以甲人見酉是也

乙生人以庚爲官星庚祿在申是以乙人見申是也

丙生人以癸爲官星癸祿在子是以丙人見子是也

丁生人以壬爲官星壬祿在亥是以丁人見亥是也

戊生人以乙爲官星乙祿在卯是以戊人見卯是也

己生人以甲爲官星甲祿在寅是以己人見寅是也

庚生人以丁爲官星丁祿在午是以庚人見午是也

辛生人以丙爲官星丙祿在巳是以辛人見巳是也

壬生人以己爲官星己祿在午是以壬人見

午是也

癸用戊爲官星戊祿在巳是以癸人見巳是也

凡命帶此加以福神助之有氣爲佳若只尋常命見未可便作吉論

寇萊公 諱準

辛巳金 癸巳水 辛巳金 癸巳水

此命入鳳凰支干格又辛用丙官丙祿在巳癸用戊官戊祿在巳方爲大貴也

論太極貴

甲乙生人子午中　丙丁雞兔定亨通
戊己兩干臨四季　庚辛寅亥祿盈豐
壬癸巳申偏喜美　值此應當福氣鍾
更須貴格相扶合　侯封萬戶列三公

問曰何以謂之太極貴人曰貴同前論太極者大乃初也始也物造於初爲太極者乃成也收也物有歸曰極貴乎始終相保乃曰太極貴也又曰何以甲乙用子午丙丁用卯酉

戊己用辰戌丑未之屬曰

甲乙乃木也先喜子坎水而助生後終乎午

離火位而死此乃爲有始有終歟

丙丁乃火也先喜出乎震卯也後喜藏乎兌

酉也此非有始有終歟

戊己乃土也喜辰戌丑未爲正庫也　理愚

歌云四庫全時爲至貴位班上列據權衡

庚辛乃金也得寅乃金生乎艮見亥乃金廟

乎乾此亦有始有終也

壬癸水也先得申而生也後得巳而納也

經曰地陷東南四瀆俱流巽位巳屬巽也水

至是而歸也命入格更有福氣助豈不貴哉

吳舍人諱奧瞿州人

辛亥　癸巳　庚寅　丁亥

此爲入格又得寅亥助之所以榮貴也

嚴陵方氏三車一覽卷之五

論天廚祿貴

甲丙愛行雙女巳遊　乙丁獅子午　己金牛酉　戊樂陰陽申　庚魚地亥　二千石祿坐皇州　癸用天蝎卯　壬人馬寅　辛到寶瓶子　祿自由此是天廚注天祿令人福慧兩優游

問曰何以謂之天廚祿答曰此乃食神就見祿是謂天廚祿也既有食神又就位見祿豈

不羡哉又曰何謂食見祿荅曰且如
甲人以丙爲食神丙祿在巳所以甲人見巳
是也
乙人以丁爲食神丁祿在午所以乙人見午
是也
丙人以戊爲食神戊祿在巳所以丙人見巳
是也
丁人以己爲食神己祿在午所以丁人見午
是也

戊人以庚爲食神庚祿在申所以戊人見申是也

己人以辛爲食神辛祿在酉所以己人見酉是也

庚人以壬爲食神壬祿在亥所以庚人見亥是也

辛人以癸爲食神癸祿在子所以辛人見子是也

壬人以甲爲食神甲祿在寅所以壬人見寅

是也
癸人以乙爲食神乙祿在卯所以癸人見卯是也
是以此貴常用食神與祿全見者方爲是也
且如甲生見丙又見巳方是如有丙無巳有巳無丙皆非也餘倣此論此雖爲貴亦要四柱順當者爲佳

富鄭公諱弼洛陽人

甲辰　丙寅　辛巳　癸巳

此乃甲人有丙而又見巳方爲得局又況兼以官星印綬附之于上所以官至極品也

史丞相諱弥遠明州人

甲申　丙寅　乙卯　辛巳

此亦是甲人見丙見巳方是也

論福星貴人

甲丙相邀入虎鄉　更遊鼠穴最高強
戊猴己未乙丁亥　丙人唯喜戌中藏

庚趂馬頭辛到巳　壬騎龍背喜非常
更有丁人愛尋酉　癸乙宜牛𠩄自昌
問曰何以謂福星荅曰福享受自然者謂之
福遁得本旬中眞食神者斯謂之福星也若
遇之者雖不貴顯亦爲富足之命
甲生人用丙爲食神遁本旬內得丙寅丙子
所以甲人見丙寅爲眞食神也
乙生人用丁爲食神遁本旬內得丁亥所以乙生人見丁亥爲眞食神也

丙生人用戊為食神遁本旬得戊戌所以丙人見戊戌為眞食神也

丁生人用己為食神遁本旬得己酉所以丁人見己酉為眞食神也

戊生人用庚為食神遁本旬得庚申所以戊人見庚申為眞食神也

己生人用辛為食神遁本旬得辛未所以己人見辛未為眞食神也

庚生人用壬為食神遁本旬得壬午所以庚

人見壬午爲眞食神也

辛生人用癸爲食神遁本旬得癸巳所以辛人見癸巳爲眞食神也冦王來公合此格

壬生人用甲爲食神遁本旬得甲辰所以壬人見甲辰爲眞食神也

癸生人用乙爲食神遁本旬得乙丑乙卯所以癸人見乙丑乙卯爲眞食神也

劉狀元諱磐 乾德三年魁

甲申 丙寅 己卯 丙寅

此命合格又逢兩位眞者誠爲可貴也

論天德貴人

正丁二坤宮　三壬四辛同　五乾六是甲

七癸八艮宮　九丙十乙取　子巽必有功

庚尋丑月内　値者乃興隆

問曰何以謂之天德荅曰德者莫非利物濟人掩兇作善而爲之德謂周天有三百六十五度二十五分半除十二宮分野每宮各占三十度共計三百六十度外有五度二十五

分半散在十二佐宮也佐宮者甲庚丙壬乙辛丁癸乾坤艮巽此十二宮謂之神藏殺沒每宮各得四十四分所以

子午卯酉中有甲庚丙壬（子中有壬卯中有甲午中有丙酉中有庚）

辰戌丑未中有乙辛丁癸（丑中有癸辰中有乙未中有丁戌中有辛）

寅申巳亥中有乾坤艮巽（寅中有艮巳中有巽申中有坤亥中有乾）

此十二位宮能回兇作善乃曰天德也　閻東叟云貴神在位諸殺伏藏一德扶持衆凶皆散凡人命中帶兇殺得之乃盖之兇不甚也又須要在日上見方爲的當若他處見未當作德論既於日上見了又不要時上克破衝破刑破又爲不吉

吳舜英　魏府奴首

甲申　辛未　甲寅　丙寅

寇萊公時恊舊雝特判魏府天雄軍將吳

舜英赴法臨死留人不斬納爲龍後策止受封先來爲奴者盖因祿馬多也詩筆才能亦在祿馬上臨兇不死乃六月天月德在甲故也後受封亦在二德之爲貴也壺中子云負天月二德則霞帔金冠正謂此也

論月德貴人

寅午戌月在丙　申子辰月在壬
巳酉丑月在庚　亥卯未月在甲

問曰何以謂之月德答曰一月之內有和氣而爲德矣葢甲庚丙壬乃四大吉神謂寅午戌三个月屬火故以丙爲和乃正五九月爲是申子辰三个月屬水故以壬爲和三七十一月是巳酉丑三个月屬金故以庚爲和四八十二月是亥卯未三个月屬木故以甲爲和二六十月是亦須在日上見方始爲佳更得四柱閒兼得福神助之勝如美錦添花者也

論驛馬

申子辰馬在寅　寅午戌馬在申
巳酉丑馬在亥　亥卯未馬在巳

問曰何以謂之驛馬荅曰驛者郵亭也安也馬者駿駟有傳受之氣有代勞之功病處見子謂之馬也然則如是乎又何以

申子辰用寅　寅午戌用申
巳酉丑用亥　亥卯未用巳

何以言之荅曰病處見子者如人病不能進待子來接既見子到則如驛馬之來故曰驛

馬也

申子辰屬水局生於申病於寅寅屬木水生乎木木爲子此乃病處見子所以申子辰用寅是也

寅午戌屬火局火生於寅病於申申屬坤爲土火生土土爲子此亦病處見子所以寅午戌用申是也申本屬金五行大論曰金與土同體土與金同象所以寅午戌寄申爲驛馬只得將申作坤論

巳酉丑屬金局金生在巳病於亥亥屬水金

生水水爲子此亦病處見子所以巳酉丑用亥是也

亥卯未屬木局木生於亥病於巳巳屬火木生火火爲子此亦病處見子所以亥卯未用巳是也

凡驛馬上見食神謂之名位馬也如甲見丙乙見丁之類　經云馬爲養命之源雖如是亦要旺氣扶持福神湊就不要自死自絕及干頭返克梟食此爲不美　洞玄經云馬可

以濟困有時乎不前又曰酉云馬在亥乙癸
不同科　源髓歌云馬在空亡犬食聞犬嚼
難肥事可陳馳寶每聞商廣業嘶花多見女
奔人　韓璡云有馬無鞍皆謂之不前乙癸
不同科者謂如乙酉見癸亥爲驛馬我本用
他爲馬傳氣代勞却到被反來食我是乙癸
不同科若見梟食亦放此例馳寶者謂馬頭帶天財也
假如甲子見戊寅之類也得之宜商業也嘶花者謂馬在
臨官得之主滛色也　沈芝云祿馬更有多

般說自衰自死兼敗絕所以馬亦嫌自死自絕也假如戊寅見丙申尤嫌反食況丙申又是自病亦曰不前又如庚申見戊寅天元梟食戊寅自病亦曰不同科餘倣此論　壺中子云馬有駿駃　韓論馬有戀欄　祝勝經論馬有折足　鬼谷子論馬有駝尸駿駃馬者莫非生旺也一云金火馬恐未如是足論戀欄馬者謂馬歸廄受病絕處是折足馬者謂三人騎一馬也假如申子辰三位全而寅爲馬也餘

做此駝尸者謂逢馬見絕也　林開云馬在長生須富學　理愚歌云鳳池如更朝驛馬位極勳高歷天下　又云祿入都堂皆大拜馬驟天庭日九遷凡長生爲學堂更逢驛馬主人博學與鳳池如更朝驛馬同論馬頭帶劍謂驛馬處干頭見庚辛或納音見金皆謂之馬頭帶劍也祿入都堂乃三位四位祿歸一處也（如三甲見一寅之類）馬驟天庭唯木人得亥馬是也詳諸子之書莫非生旺有氣福神助之爲

上若見死無氣衝刑空亡定爲不美也

呂狀元 諱臻慶曆元年魁

甲寅　戊辰　戊申　庚申

此之謂馬在長生也所以文章冠世雖曰庚鬼反傷而庚申是自絕究竟此命喜於三奇輻湊當作吉論又是馬頭帶劍也

論攀鞍

申子辰丑是　寅午戌未是

巳酉丑戌是　亥卯未辰是

問曰何以謂之攀鞍荅曰鞍者馬之備也常居馬後一辰如人乘騎當備鞍以盖馬也凡人命中有馬又要攀鞍副之命中有鞍當要馬以施用　韓琎云有鞍無馬將何以設用理愚歌曰攀鞍驛馬來乘遇萬里青雲指歸路詳此二說當以兩全方爲羙也

姚狀元諱曄崇德三年魁

乙酉　丁亥　丙戌　辛卯

此命乙酉見丁亥謂之福星名位馬雖生

月見事屬乎衆却得生日攀鞍相副又得生時見祿時與生日得天地合又入七日來復格此乃謂福神相助豈不貴顯乎

論將星 華盖附

寅午戌生人　將星在午　華盖在戌
申子辰生人　將星在子　華盖在辰
亥卯未生人　將星在卯　華盖在未
巳酉丑生人　將星在酉　華盖在丑

問曰何以謂之將星何以謂之華盖荅曰將

星者如將罰中軍也故以三合中位謂之將星華蓋者喻如寶蓋其星常覆乎大帝之座故以三合底處乃庫位謂之華蓋也　洞玄經曰將星處乎中軍華蓋張乎庫上凡將星常欲吉神相助貴殺加臨乃爲吉矣　珞琭子云將星扶德太乙加臨乃合貴格又不欲主本休囚年爲主日爲本方爲羨矣　理愚歌云將星者引吉神臨爲國棟梁與心膂此皆言吉助之爲貴

華盖本爲吉凡人命中得之多主孤寡縱貴亦不免爲孤獨也遇之多作僧道藝術論壺中子云華盖爲術藝星王冰爲太僕理愚歌云華蓋雖吉亦有妨或爲婷子或孤孀塡房作贅多闕口鈌鉗頂笠披錙黃以此論之斯可表華蓋爲孤星者矣

鄒給事諱應龍形武采　慶元二年魁

壬辰　乙巳　丙寅　戊子

此命辰生人以子爲將星造物合格相扶而

爲貴造物謂天氣下降地氣上騰何謂天氣下降天元壬水生乙木乙木生丙火丙火生戊土也地氣上騰地元子水生寅木寅木生巳火巳火生辰土也但合格得之方爲有用

佛印禪師

乙巳　壬午　己丑　乙丑

此兩位華蓋星暗合兩位天乙貴人豈不爲空門騰達人也

論劫殺 亡神附又名破軍咸池

寅午戌生人　亥爲劫殺　巳爲亡神
亥卯未生人　申爲劫殺　寅爲亡神
申子辰生人　巳爲劫殺　亥爲亡神
巳酉丑生人　寅爲劫殺　申爲亡神

問曰何以謂之劫殺荅曰劫乃絕地窮也極也欲進無門可進欲退無路可退乃曰劫殺也又曰何以謂之亡神曰亡者妄也妄起事端乃曰破軍殺常與劫殺相對二者衝而爲殺又曰何謂進無門退無路曰劫居四位占

四方常在化局絶處爲劫欲進則有天地日月之門兇狼之徒安敢進乎吉門此之謂欲進無門也欲退後有化局墓門遇墓則不能退此之謂欲退無路也

寅午戌火局火絶於亥欲進前有子爲明堂欲退後有戌爲火墓是以不能進退所以寅午戌見亥是劫殺也亥衝巳則爲亡神

亥卯未木局木絶於申欲進前有酉爲日門欲退後有未爲木墓是以不能進退所以亥

卯未見申是劫殺申衝寅則寅爲亡神
申子辰水局水絶於巳欲進前有午爲端門
欲退後有辰爲水墓不能進退所以申子辰
見巳是劫殺巳衝亥見亥爲亡神
巳酉丑金局金絶於寅欲進見卯爲月門欲
退後有丑爲金墓不能進退所以巳酉丑見
寅爲劫殺寅衝申見申爲亡神　然則二殺
如是而吉凶何以論之曰大抵見殺則未可
便言其凶若殺逢休囚又見惡殺互加五行

無氣當作凶論若殺逢生旺加以吉神相助五行有氣當作吉論又有殺中藏貴當作權論也　司馬云亡劫官印相扶須持節鉞之威　壺中子云亡劫儻逢生旺閫外持權　源髓歌曰劫殺雖然心路巧宅若逢之終一破臨官人口浪并勞若也長生終見富（諸家皆言要生旺也）理愚歌云劫殺半凶半吉三奇祿馬為三公此言要貴氣相扶　沈芝云劫殺更來胎上見不和主本祖應銷（此言合中見更與主本不和主破蕩祖業）

詳諸子之書故不可一途而取耳

劉尚書諱章衢州人　紹興十五年魁

庚辰　丁亥　癸巳　丁巳

此辰人以巳爲劫殺亥爲亡神而天元皆是庚用丁爲官星支元見金生在巳所以文章冠世四十六歲爲大魁官至八位

曾狀元諱從邑泉州人

乙未　甲申　丙申　庚寅

此未生人以申爲劫殺寅爲亡神而乙用

申爲天乙貴人是曰殺中藏貴又金臨官在申見庚寅爲亡神又得乙用庚爲官星又況其命暗中深有妙處何也乙未年乙用丁爲食神丁祿在午以未合午甲申月甲用丙爲食神丙祿在巳以申合巳丙申日丙用戊爲食神戊祿在巳以申合巳庚寅時庚用壬爲食神壬祿在亥以寅合亥似此合局所以文章冠世二十五歲大魁仕路烜赫也

嚴陵方氏三車一覽卷之五

嚴陵方氏三車一覽卷之六

論災殺 常居劫殺前一辰

申子辰在午　寅午戌在子

巳酉丑在卯　亥卯未在酉

問曰何以謂灾殺荅曰災殺者其性最爲勇猛居乎劫殺之前衝破將星者謂之災殺也如

申子辰將星在于子而午卻去衝子卽午爲災殺也寅午戌將星在于午而子卻去衝午

即子爲災殺也巳酉丑將星在于酉而卯刦去衝酉即卯爲災殺也亥卯未將星在于卯而酉刦去衝卯即酉爲災殺也人命如帶此有福神相助多主武權亦要如刼殺之狀要見官星印綬生旺處爲佳　神白經云災殺畏乎克生處刦爲祥者正謂此也

楊令公　曾到楚州見其家世圖得之五行

丁亥　丁未　丁卯　己酉

此命乃爲純陰格　經曰陰多好武陽盛

生文誠哉是言可信也又三位天乙貴人併三位殺神居於時上所以武略雄壯百戰而百勝也

論六戹

申子辰在卯　寅午戌在酉

亥卯未在午　巳酉丑在子

問曰如何斯可謂之六戹答曰戹者遭乎難者也常居驛馬前一辰死而不生者謂之戹也

申子辰水局水死在卯是以卯爲厄也
寅午戌火局火死在酉所以酉爲厄也
亥卯未木局木死在午所以午爲厄也
巳酉丑金局金死在子所以子爲厄也
其殺亦能爲吉但得有救護有扶持兼有貴
氣相助必爲其吉滯之究竟一生蹇滯　壺
中子云六厄爲剝官之殺李廣不封侯以此
見遇之必主蹇滯　洞玄經云六厄逢生而
喜慶可見救之爲吉

論元辰 又名毛頭大耗

子未不同期　牛馬獨孤栖
兎猴無伴侶　那堪虎與鷄
蛇犬難相聚　猪龍兇不移
此法人皆捨　常愛悞細微
干利方爲用　災來不失期
三元窮此理　四柱審興衰

問曰何以謂之元辰荅曰元辰別而不合也陽前陰後有所屈矣屈則於事無所伸陰前

陽後則直而不逃於事暴而不治難與同事故謂之元辰是以陽男陰女衝前一辰陰男陽女衝後一辰此之謂別而不合也犯之者亦未可便言其凶此殺蓋因別而不合忽然遇和而又復爲吉也　洞玄經云元辰遇和而大亨也

論三刑

寅刑巳　巳刑申　申刑寅　日恃勢之刑

丑刑戌　戌刑未　未刑丑　日無恩之刑

子刑卯　卯刑子　曰無禮之刑

辰午酉亥　曰自刑

問曰何以謂之三刑荅曰三刑者乃四衝不全也而謂之刑四衝全則立四位而正缺其一則欹而不正三者各自相推不齊用心而曰刑也又曰何以寅巳申爲恃勢刑　丑戌未爲無恩刑　子卯爲無禮刑　辰午酉亥爲自刑此將何論乎荅曰

寅巳申者謂寅中有長生之火有臨官之木

木火爲子父各得其勢在位巳中有寄宮之土有長生之金土金爲子父各得其勢在位申中有臨官之金有長生之水金水爲子父各得其勢在位是以三宮各有子父之勢力而遁互相刑故曰恃勢相刑也

丑戌未者謂三宮皆屬四維之土而土見土謂之毗和毗和者兄弟是以兄弟各相刑乃曰無恩刑也

子卯者子屬水卯屬木水能生木則子水爲

母卯木為子而子母自相刑乃曰無禮刑也辰午酉亥者謂寅申巳亥有寅巳申而互相刑內有亥無刑辰戌丑未四位有丑戌未互相刑而有辰無刑子午卯酉四位有子卯互相刑而有午酉無刑是以此四位謂之自刑者蓋無所相刑乃曰自也

又曰夫刑者吉凶何以論之荅曰君子得之吉小人得之凶何為君子何為小人五行之中有吉辰旺相官星印綬貴氣相扶福神相

助謂之君子似此命得之則爲吉爲祥而不能爲害也若更命中駁雜有凶神惡殺謂之小人似此命得則爲凶爲害　鬼谷遺文曰君子不刑定不發若居仕路多騰達小人到此必爲災不然也被官鞭撻　壺中子云八字無格以扶持九命有刑而駁雜或作閭巷之輩或爲市井之徒詳此而論可表君子得之則吉小人得之則凶

辰午酉亥四字全而得吉神壓之當爲貴爲

權最嫌者辰見辰爲自刑午見午爲自刑酉見酉爲自刑亥見亥爲自刑此爲凶矣若更見惡殺相併最爲不良沈芝云自刑帶殺不爲良手足肌膚定見傷不是獄中憔悴死只因刀劍刃頭傷此可見自刑又帶殺若見刑中有制又未可便作凶論　洞玄經云酉酉惡其太剛火殺其刑者何憂午午惡其太暴水減其勢者無咎　又云木並生而勢減水冷流而溢漲（其言辰見辰亥見亥）又有木落糞本之義

水流趂末之理木落由衰水流非旺言其暴力也勢
戕之則爲吉也此段解自刑之理也　又如命中有官星印綬者須用官星印綬來刑則吉若官印被命刑則凶　指迷賦云官刑命喜莫教命返刑官官印受刑雖貴非戎即吏　一行禪師命書云甲子己卯有一說正印鳳池訣丙寅辛巳己同然三公祿位遷此說雖是甲子見己卯是到官可表官刑命吉也

溫中奉吏部出身作三任倅官至中奉大夫

甲寅　丙子　辛巳　癸巳

此命亦有天廚貴祿又入格官星印綬全爲貴爲榮不應得命反去刑于官星印綬所以雖貴則出身不免逃乎吏輩

論羊刃 飛刃附

甲生人　羊刃在卯　飛刃在酉

乙生人　羊刃在辰　飛刃在戌

丙戊人　羊刃在午　飛刃在子

丁己人　羊刃在未　飛刃在丑

庚生人　羊刃在酉　飛刃在卯

辛生人　羊刃在戌　飛刃在辰

壬生人　羊刃在子　飛刃在午

癸生人　羊刃在丑　飛刃在未

問曰何謂羊刃荅曰羊訓剛也刃者主宰割也祿過則刃生功成當退不退乃狠而進也言進而有傷故羊刃常居祿前一辰謂吉極則否生乃曰羊刃殺　洞玄經云祿退而羊刃起凡羊刃衝處謂之飛刃殺凡人命中

帶此亦能爲吉亦能爲凶吉者官印相助福神相資有祿有刃必作吉論凶者亡劫同徒惡殺相佐有刃無祿必作凶論　壺中子云凡人有祿必賜刃以衞之　一行禪師命書云羊刃重重又見祿富貴饒金玉斯可爲吉論　理愚歌云倒懸羊刃又同行形骸不免塡溝壑到乃倒戈殺懸乃懸針殺凡倒戈殺只犯戊字與戌字皆曰倒戈凡懸針殺者干以甲字與辛字支以卯字午字與申字如此者謂之懸針殺也又云飛刃倒戈終見乖小人得此便爲災空亡截路同

相見此身安得出塵埃　直截歌曰羊刃更
兼倒戈必作無頭之鬼　司馬云羊刃相逢
劫殺須刺面以為軍於此可見帶殺為凶矣
大凡人之行運最怕羊刃主作事稽滯無投
士農工商皆厭之經曰運逢羊刃財物耗散
其言屢屢中矣

許綄制

乙卯　庚辰　庚辰　庚辰時

此命犯三位羊刃所喜者乙卯坐本身祿

而得三位羊刃扶之爲權正合一行禪師命書中論也又喜者支元卯木受三位辰土以栽培納音一水受三金來生此宜爲貴也然主武權究竟是殺重以爲也

二兇徒命

乙亥　庚辰　庚辰　庚辰

此命亦犯三位羊刃所惡者一水受三位辰土克之又見三位元辰克命納音一位火見三位金者乃曰藏財育鬼也何謂藏

財育鬼謂金生水水克其火是謂殺克身
將爲凶論其人五十二歲交甲戌運衝起
羊刃殺五十四歲太歲又戊辰小運己未
遭凌遲矣

羅伴兒

辛丑　辛卯　戊戌　壬戌

其人平生最英雄有名累遭刑徒　淳熙
間一夜殺三人後被凌遲令入傷神祠受
享爲神

論孤神　寡宿　陽角附

亥子丑生人　寅爲孤辰　戌爲寡宿

寅卯辰生人　巳爲孤辰　丑爲寡宿

巳午未生人　申爲孤辰　辰爲寡宿

申酉戌生人　亥爲孤辰　未爲寡宿

問曰何以謂之孤辰寡宿荅曰所謂孤寡者孟子言之詳矣老而無妻曰鰥老而無夫曰寡老而無子曰獨幼而無父曰孤謂人命犯此殺主孤寡辰宿者辰謂星辰宿謂星宿也

又曰何以亥子丑人有寅孤辰戌寡宿之類何也曰陰惆陽悵前有孟爲孤後有季爲寡乃母絕爲孤辰夫墓妻墓爲寡宿造物中以生我者爲母克我者爲夫我克者爲妻且以亥子丑屬北方水位水用金爲母金絕于寅是母絕水用火爲妻火墓在戌是妻墓所以亥子丑生人用寅爲孤辰戌爲寡宿

寅卯辰屬東方木位木用水爲母絕于巳是母絕木用金爲夫金墓于丑是夫墓所以寅

卯辰生人用巳爲孤辰丑爲寡宿
巳午未屬南方火位火用木爲母木絕于申
是母絕火用水爲夫水墓于辰是夫墓所以
巳午未生人用申爲孤辰辰爲寡宿
申酉戌屬西方金位金用火爲夫火絕在亥
是夫絕金用木爲妻木墓在未是妻墓所以
申酉戌生人用亥爲孤辰未爲寡宿故
神白經云後闗爲寡宿前鑰是孤神四柱如
逢此平生少六親

壼中子又云孤寡兩犯貧頂方袍斯可見犯
之主傷骨肉也夫
隔角殺者乃四角而兩位相連者謂之隔角
也所以亥子是　丑寅是　巳午是　未申
是凡有孤神更見愈主傷骨肉也故
祝勝經云骨肉中道分離孤神猶嫌于隔角
詳此而論蓋可知矣

嚴陵方氏三車一覽卷之六

論六害
論犢金的殺
論空亡
論截路空亡
論四大空亡
論十惡大敗日
決四廢日
決天地轉日

論天羅地網
論関鑰二殺
論月関殺
論無情殺
論富命
論陰人命
論六十甲子納音象
論金篇 納音金附

論木篇 納音木附
論水篇 納音水附
論火篇 納音火附
論土篇 納音土附

三車一覽 七之十 終

嚴陵方氏三車一覽卷之七

論六害

子害未　未害子　丑害午　午害丑

寅害巳　巳害寅　卯害辰　辰害卯

申害亥　亥害申　酉害戌　戌害酉

問曰何以謂之六害荅曰六乃六親也（父母兄弟妻子謂之六親）害乃損也犯之主六親上有損克故謂之六害也又曰何以謂之子害未未害子直上見謂之穿心子未害者與衝爲合謂之

害恩未結雖巳生乃曰害假如子生人畏午衝而未刦去合午是以子未爲害　丑生人畏未衝而午刦去合未所以丑午爲害也　寅生人畏申衝而巳刦去合申所以寅巳爲害也　卯生人畏酉衝而辰刦去合酉所以卯辰爲害也　申生人畏寅衝而亥刦去合寅所以亥申爲害也　酉生人畏卯衝而戌刦去合卯所以酉戌爲害也　壼中子云子衝午兮而未合午未害子焉恩之未結害巳

生焉　珞琭子云六害之徒命有七傷之事詳此可見犯之者主傷骨肉

論暗金的殺

子午卯酉蛇頭開口巳爲殺

寅申巳亥雞頭粉碎酉爲殺

辰戌丑未牛頭大忌丑爲殺

問曰何以謂之暗金的殺曰此三位惡殺者附于巳酉丑上蓋巳中有金生酉中有金旺丑中有金墓三殺附於此乃曰暗金的殺也

犯者必主凶惡又名曰白衣殺又名曰破碎殺又名曰吟神殺命若帶之必傷骨肉歲運逢之主孝服哭聲小兒生下犯之主湯火厄不然身有痕瘢亦爲破相　源髓歌云破碎從來號白衣運更逢之老病危生子細看須有瘥痕瘢更向火湯期然則是其殺爲凶亦未必便爲之凶凡諸殺皆如是　洞玄經云繆戾無過於刑害有時而吉乖違莫甚於衝破未必皆凶何也蓋刑害殺神皆謂之繆戾

有時則吉者蓋謂命中救之則爲吉或得一位刑害破衝則吉矣餘殺皆傚此例

論空亡

甲子旬中戌亥是　甲戌旬中申酉是
甲申旬中午未是　甲午旬中辰巳是
甲辰旬中寅卯是　甲寅旬中子丑是
問曰何以謂之空亡答曰甲旬盡處曰空亡
空對實亡對有言　神白經云空亡空亡幾
多般十干不到作空看　洞玄經云遁窮而

空亡生故以甲旬盡處曰空亡也但看旬盡處前二辰是

甲子旬遁至酉而十干足所以無亥戌是爲空亡也

甲戌旬遁至未而十干足所以無申酉是爲空亡也

甲申旬遁至巳而十干足所以無午未是爲空亡也

甲午旬遁至卯而十干足所以無辰巳是爲

空亡也

甲辰旬遁至丑而十干足所以無寅卯是爲空亡也

甲寅旬遁至亥而十干足所以無子丑是爲空亡也然而空而有實亡而有存所以未可便爲凶論

珞琭子論空亡云五陽令用一陽五陰令用一陰陽用陽假如甲子丙寅戊辰庚午則用戌爲空亡亥不是乙丑丁卯己巳辛未癸酉則用亥爲空亡戌非也

指迷賦云祿入空亡之內必分前後之辰亦可以表陰陽之分也亦有命中見空亡而合格者多矣

洞玄經云淵淨而倥侗無氣（空亡多謂之清淨路）圓機而自立一家（祿馬貴官上見空亡爲九流格）辭有章而貴名（學堂見空亡也）性無爲而湛如（自死自絶見空亡）羙質可愛功力可珍（貴人多見空亡則可愛華盖多見空亡則可珍）優游恬淡無累雕鏤華藻有功（休囚旺相見吉神而見空亡也）抱越人之才挾敢斷之果（神殺暗指空亡雖超人無福也）詳此可見

亦有吉處

何樞密諱落處
洲人

丙寅年　戊戌月　壬戌日　辛丑時

此雖是見戌是兩位空亡而華蓋上見正謂功力可珍兼入衆星拱北格所以少年省魁登第至於榮此因華蓋隔角並見終不免乎子孤也

論截路空亡

甲己申酉且為頭　乙庚午未不須求

丙辛辰巳多凶敗　丁壬寅卯最淹留
戊癸不堪逢戊亥一云子丑登途截路更堪愁
日時若見相逢著　白髮盈簪苦未休

問曰何以謂之截路空亡答曰以日取時見之方是令人皆年見在日時便作截路空亡論者非也截路正如人在路途之閒遇水則不能前進不可以濟故曰截路也

甲己日遁十二時中有申酉二時上見壬癸爲水故甲已見申酉是也

乙庚日遁十二時中有午未二時上見壬癸
爲水故乙庚見午未是也
丙辛日遁十二時中有辰巳二時上見壬癸
爲水故丙辛見辰巳是也
丁壬日遁十二時中有寅卯二時上見壬癸
爲水故丁壬見寅卯是也
戊癸日遁十二時中戌亥位二時上見壬癸
爲水故戊癸見戌亥是也
假如甲己日見申酉時乃爲正犯其餘者見

之非也此空亡非但命中見之爲不羙以至
出入求財交易上官嫁娶百事用之當忌耳

論四大空亡

甲子并甲午　旬中水絶流
甲寅與甲申　金氣杳難求

問曰何以謂之四大空亡答曰六甲中只有
甲辰甲戌二旬之中有金木水火土全内甲
子甲午旬中獨無水甲寅甲申旬無金此四
旬者五行不全謂之四大空亡

如甲子甲午旬中生人見水者謂之正犯如當生命中不犯行運至水處亦爲犯也甲寅甲申旬中生人須用見金方是如命中無金行運當金處亦謂之犯也若帶得一生用事主蹇滯不問貧賤與富貴皆主夭折　壺中子有云顏回夭折只因四大空亡正謂此也

論十惡大敗日

甲辰乙巳與壬申　丙申丁亥及庚辰
戊戌癸亥加辛巳　己丑都來十位神

邦國用兵須大忌　　龍蛇出穴也防身
人生若還值此日　　倉庫金銀化作塵
問曰何以謂之十惡大敗日荅曰夫十惡者
凶也大敗者怯敵也謂六甲旬中有十箇日
值祿入空亡此十日謂之大敗故曰十惡大
敗也命中犯者當以日上見之方爲是也若
其餘見之未可便作十惡論又况犯者未必
便可爲凶亦能主權主柄若内有吉神相扶
貴氣相輔當爲吉矣又曰何以謂之祿入空

亡曰如

甲辰乙巳者甲以寅爲祿乙以卯爲祿是故

甲辰旬以寅卯爲空亡此爲祿入空亡是以

敗也

壬申者壬以亥爲祿甲子旬中以亥爲空亡

是以敗也至於丙申丁亥庚辰戊戌癸亥辛

巳己丑等日皆儆此以推耳

張帥平江府人

丙辰　庚寅　壬申　乙巳

此命雖則壬申日正犯十惡大敗又況寅巳申爲三刑盖爲四柱各自持納音之勢何以言之曰丙辰土家自印　庚寅木自臨官　壬申金自臨官　乙巳火自臨官此爲四柱各自納音之勢也又況丙辰土受中央之正氣則敬神而自得守信而不移庚寅木受東方之正氣則屈伸而自如行仁而不伐壬申金受西方之正氣則剛毅果敢用義而不㓰乙巳火受南方之正

氣則精神之炳靈好禮而不倦以此造物宜其仕路之烜赫也

決四廢日

春庚　夏壬　秋甲　冬丙

問曰何以謂之四廢荅曰因死而無用謂之廢

春乃木神用事之時金因而無用故以庚爲廢（庚屬金也）

夏乃火神用事之時水因而無用故以壬爲

廢（壬屬水也）

秋乃金神用事之時木死而無用故以甲爲廢（甲屬木也）

冬乃水神用事之時火死而無用故以丙爲廢（丙屬火也）令人多以春見庚辛便謂之廢　夏見壬癸便爲之廢　秋見甲乙便謂之廢

冬見丙丁便謂之廢殊豈知廢用連支干見方爲正是蓋春夏秋冬只有四日乃謂之四廢也又曰何以謂之支干連見荅曰　春庚者

庚申是也　夏壬者壬子是也　秋甲者甲寅是也　冬丙者丙午是也盖申亦屬金子亦屬水寅亦屬木而午亦屬火也夫是之謂連見切以四廢凡人命中帶此作事不成而無終始至於用事之初亦宜避之近葷晚學誑惑人以纔見庚辛便作廢論豈不繆哉殊不知於命中無忌也

謝尚書 諱源明 邵武人

丁巳　己酉　甲寅　壬申

此秋月生人見甲寅乃正四廢日何況少年登科兩知制置官入八位壽踰七十何不爲廢令編此篇所謂決四廢日者不特作論凶吉抑亦人之疑惑耳此人命造物所喜者丁巳土己酉土凡土能養萬物到寅而東行造化得其顯到申而西歸造化得其隱一隱一顯合而且和似此造化豈非至貴之命哉

決天地轉日

春兔夏馬天地轉　秋雞冬鼠便爲殃
行人在路須憂死　造屋未成先架喪
問曰何以謂之天地轉日荅曰物極而反謂之轉旺連干曰天轉旺連納音曰地轉此之謂天地轉也又曰何以謂之連干與連納音也荅曰如
春乃木旺之時見乙卯乃旺連干謂之天轉見辛卯乃旺連納音謂之地轉
夏乃火旺之時見丙午曰旺連干謂之天轉

見戊午乃旺連納音謂之地轉

秋乃金旺之時見辛酉曰旺連干謂之天轉

見癸酉爲旺連納音謂之地轉

冬乃水旺之時見壬子曰旺連干謂之天轉

見丙子爲旺連納音謂之地轉

其日最忌上官受職出行商賈造作嫁娶必

主乎凶如人命生此四季內又值其日更本

命又到此旺謂之功成不退主夭折

按古格命顏子

己丑　辛未　丙午　戊子

造物深合理只嫌夏生見丙午正犯天轉加以本命又到此旺雖文章亞聖柰緣造化太極至庚申年壽止三十矣

嚴陵方氏三車一覽卷之七

嚴陵方氏三車一覽卷之八

論天羅地網

戌亥爲天羅　辰巳爲地網

問曰何以戌與亥爲天羅辰與巳爲地網答曰五行墓絶處是也乃暗昧不明不快謂之天羅地網也火命人逢戌亥是爲天羅水土命人逢辰巳是爲地網大抵世之論命者纔但見戌亥便以爲天羅纔見辰巳便以爲地網殊不知唯火命人有天羅水土命人有地

網內金木命人無天羅地網之説又況男人忌之於天羅女人忌之於地網如人命帶中此多主蹇滯如行運到此多主灾危更加以惡殺相併五行無氣必至於死亡也

論關鑰二殺

春防巳與丑　夏月忌申辰　秋季猪羊死
冬來虎犬驚　能過三五歲　父母也遭迍
求醫猶未了　耗鬼不離門　人生如犯此
難養又難成　若人逢此地　不請怨天文

問曰何以謂之關鑰殺荅曰季則爲關孟則爲鑰鑰前關後欲進則前有鑰進之則不能前欲退而後有關退之而不能後乃曰關鑰殺也　神白經云人遇鬼門氣度消關小兒得之決主難養　又曰何以春防巳丑　夏忌申辰　秋嫌亥未　冬怕寅戌荅曰春三月正月建寅二月建卯三月建辰前乎遇巳乃夏之孟爲鑰欲進之而不能前後有丑乃冬之季爲關欲退之而不能後故曰春

防巳與丑也
夏三月四月建巳五月建午六月建未前乎遇申乃秋之孟爲鑰欲進之而不能前後乎有辰乃春之季爲關欲退之而不能後故曰夏月忌申辰也
秋三月七月建申八月建酉九月建戌前乎遇亥乃冬之孟爲鑰進之而不能前後乎有禾乃夏之季爲關欲退之而不能後故曰秋季猪羊死也

冬三月十月建亥十一月建子十二月建丑前乎遇寅乃春之孟爲鑰後乎有戌乃秋之季爲關亦進之而不能前退之而不能後故曰冬來虎犬驚也

凡人命之中有關有鑰是爲難養忽然有前鑰而無後關有後關而無前鑰又不足慮所以二者俱有方且畏之又有小兒帶關鑰全若更有惡殺凶神五行不順造化無氣反傷倒克定主難養問人生四季以月論之皆有

關鑰二殺命何以堪答曰年月日時上見此乃爲害也若見五行有氣造化合格福神貴氣相助又且不妨又未可專以二者論之也

論月關煞

正七巳亥爲關殺　二八辰戌小兒屯
三九卯酉宜相避　四十寅申不可聞
子午兩月嫌丑未　丑未却將子午嗔
小兒生下時日值　空勞父母費精神

問曰何以謂之關煞答曰與月建爲六害者

是也如正七巳亥者蓋正月建寅見巳是也七月建申見亥是也謂寅巳爲害申亥爲害二八辰戌者蓋二月建卯見辰是也八月建酉見戌是也謂卯辰爲害酉戌爲害三九卯酉者蓋三月建辰見卯是也九月建戌見酉是也謂辰卯爲害戌酉爲害四十寅申者蓋四月建巳見寅是也十月建亥見申是也謂巳寅爲害申亥爲害子午丑未者子乃十一月建見未是也午乃

五月建見丑是也蓋謂未子為害午丑為害

丑未子午者蓋丑十二月建見午是也未乃

六月建見子是也蓋謂丑午為害子未為害

小兒犯之决主難養不然於父母上必主傷

害

論無情限殺

甲乙申酉莫相隨　丙丁亥子要君知

戊己怕逢寅卯位　庚辛巳午不相宜

更有壬癸兩干者　辰戌丑未莫逢之

設若五行無氣象　犯著十夭九無疑

問曰何以謂之無情限殺答曰無情者到安處而受克者乃曰無情也且以甲乙生人屬木本擬到日時上乘勢受生旺却逢申酉金之所傷乃爲木命之無情限殺也

丙丁生人屬火日時上若見亥子水之所傷乃曰火命之無情限殺也

戊己生人屬土日時上若寅卯木之所傷乃曰土命之無情限殺也

庚辛生人屬金日時上見巳午火之所傷乃曰金命之無情限殺也
壬癸生人屬水日時上見辰戌丑未土之所傷乃曰水命之無情限殺也
人命犯此更加無氣惡殺相併定主少亡縱便少年得養亦不免於夭折矣

論富命

問曰何謂富足財食之命荅曰富貴輕重相邇陰陽闔闢乾坤分立輕而清者爲天重而

濁者爲地是以干元爲之天淸以支辰爲之地厚淸則爲貴厚則爲富　易繫云天尊地卑乾坤定矣又曰高矣美矣登之而不可及也又曰草木丘陵裕如也以此知莫貴於天莫富於地人命亦然凡推人命若見合格貴神福氣相助而又得天淸必爲貴也若或合格貴神相助天元不秀得地元氣厚必爲富也若只是干元有天財支元有人財納音有地財必作財祿之論若干元天財者如甲乙

生人見戊己以木克土則爲天財丙丁生人見庚辛以火克金亦爲天財土金水命所克皆倣此論　地財者喻如金命人見木謂之財木命人見土謂之財但只以生年爲主而克去爲財也　源髓歌云攻命先將年作主次把衆家來比觀是以當看年干年納音爲主然而有天財或有地財又須要財有生旺方且爲吉若見休囚未必爲祥珞祿云但看財命有氣生逢背祿而不貧若也財絶命衰

總建祿而不富何謂才命有氣假如戊己人以壬癸有財而見壬癸雖爲財若日時見申子辰乃戊己土壬癸水俱到申上而長生子上而帝旺辰上爲庫墓此乃謂之財命有氣若到日時上見卯巳者乃戊己土壬癸水俱到卯上而死俱到巳上而絶此乃謂之財命無氣又如納音金命用木爲財然而有木又要日時上見亥見寅見卯與未之類謂木到亥上是爲長生到寅上是爲臨官到卯上是

爲帝旺到未上是爲庫墓亦曰財命有氣若見辰午與申謂木死午木衰於辰木絶於申如此者謂之財命無氣有氣爲吉無氣者爲凶詳此理但要財氣乘生旺者爲佳必不在有祿無祿上若合己上命格皆可以爲富足之命加以運氣相扶必主大發財祿又如戊己生人以壬癸爲財如年月日時上不見壬癸而見申子辰金命人不見木只見寅卯未之類亦謂之財局有氣只是此等不爲巨富

而亦可以謂之中等矣
右謹按古格　陶朱公　猗頓　石崇三
命于后
石崇
己卯　壬申　丙申　壬辰
此乃己生人用壬爲天財己土壬水皆生於
申庫於辰納音土用水爲財水亦生於申而
庫於辰　此謂財命有氣　壺中子云二財會
於壬辰石季倫潨堆金積玉

陶朱

丙寅　己亥　庚申　辛巳

此乃丙生人用庚辛金爲天財金臨官在於申長生在於巳又納音丙寅之火用辛巳之金爲財而金亦臨官在申長生在巳此之謂財命有氣可爲敵國富也

猗頓

壬辰　戊申　甲戌　丙寅

此乃壬生人用丙火爲天財火生在寅壬辰

納音水克甲戌納音之火是爲財命火軍在戌又克丙寅火生於寅此皆爲財命有氣只有辰戌相衝謂之破庫寅申相衝謂之破財雖先享大富而末後零替也　理愚歌曰猗頓力敵陶朱公祇因亦是富家公土崩瓦解自衰替有始無終應困窮正謂此也

推陰人命吉凶

問曰凡女人命孰爲吉爲良何爲凶爲賤答曰凡女人命須要五行清淡不要生旺又不

要暴敗不犯臨官欲得四柱無氣爲佳貴乎休囚死絕爲上不要帶貴人驛馬旺祿合神巳上爲吉爲良若犯生旺臨官兼有貴人驛馬旺祿合神皆爲不美若犯亡神劫殺三刑六害羊刃飛刃皆爲不善　神白經有云驛馬遇貴人終竟落風塵合絕莫合貴此法人難知但以日爲年此法聖人傳帶祿入生旺產死遭人謗帶祿入衰鄉雖禍未爲殃　司馬季主云女人推命貴人一者爲良若叢雜

合多不妮即妓又兼帶雙鴛合　沈芝曰桃花又帶雙鴛合冗雜貴人眞妓才桃花者臨官上見馬謂之桃花馬臨官上見劫殺謂之桃花殺又有一般殺巳酉丑騎馬街頭走（此言巳酉丑生人見午是）亥卯未鼠子須堪避（此言亥卯未生人見子是）寅午戌兔子門前立（此言寅午戌生人見卯是）申子辰逢雞夜不眠（此言申子辰生人見酉是）

問曰又何以謂之雙鴛合荅曰喻如一巳見兩甲一乙見二庚一丙見兩辛一丁見兩壬

皆謂雙鴛合也或是四柱干元有甲己有乙
庚但是四柱中兩兩對合皆謂之雙鴛合餘
者皆倣此以為例女命有之皆為不良　理
愚歌云貴人或落空亡裏祿馬背違如不值
假令性識甚聰明男即伶倫女娼妓亦有生
來貴族中滛聲浪迹相相同須知斯命有所
使桃花三月開春風　源髓歌云袞袞桃花
逐水飄月籠花影色徧饒多情只為傷空合
惆悵寡合魂易消已上皆論桃花殺也犯之

者皆為不良　壺中子云負天月二德則霞帔金冠得祿命之財財則夫榮而子貴此可謂之吉也若犯三刑六害亡神劫殺孤寡宿皆主喪夫克子凡男女命皆怕犯臨官帝旺全主夫妻相傷　源髓歌云臨官帝旺未為好再嫁重婚傷亦早若還相敵作夫妻頭男頭女當見夭（相敵者謂夫妻二命相強相壓）若犯羊刃殺及朝元羊刃者皆主產厄　源髓歌曰或時藏刃入於胎日刃或朝時上來更若支干相克

剋妻身當產姙憂灾此言夫命犯之當主妻有產厄婦人之命若如此敢斷定憂生產死更加卯酉二時生若免墮胎應克子此言女人命犯之主產死所謂朝元羊刃者喻如卯生之人見甲日與甲時之類或辰日而時干見乙此皆謂之朝元羊刃餘者倣此以為例

嚴陵方氏三車一覽卷之八

嚴陵方氏三車一覽卷之九

論六十甲子納音象

夫甲子者始成於大撓氏納音成之於鬼谷先生象成於東方曼倩先生時曼倩先生成其象因號曰花甲子其花字誠爲奥也近有晚學者不曉古人之言不諳聖人之意纔讀六十甲子歌便自謂其知命只將甲子乙丑海中金丙寅丁卯爐中火著意而論殊不知此則聖人借意而喻之曰觀此輩眞謂刻舟

求鉤按圖索驥也余少常閱風后先生之論然雖有年幸天之未喪斯文也故倚杖扶籃而繼聖人之意以示後之學者免致議論時着意執泥有失其吉凶也論曰甲子者自子至亥十二宫各有金木水火土之屬始起於子是一陽終於亥爲六陰其五行所屬但如人之世事也何以謂之世事大率五行金木水火土在天爲五星於地爲五岳於德爲五常於人爲五臟其於命也爲五行是故甲子

之屬乃應之於命命則一世之事故甲子納音象時聖人喻之亦如人一世之事體也一世之事者宣聖云三十而立四十而不惑五十而知天命六十而耳順七十而從心其甲子之象自子至亥其理則灼然可見矣且如子丑二位者陰陽始孕人者胞胎物藏荄核未有涯際也寅卯二位者陰陽漸闢人漸生長物以拆甲群葩漸剖如人將有立身也辰巳二位者陰陽氣盛物當華秀人三十四十

而有立身之地始有進取之象午未二位者陰陽彰露物已成齊人至五十六十富貴貧賤可知凡百興衰可見矣申酉二位者陰陽肅殺物已收成人已龜縮各得其静矣戌亥二位陰陽閉塞物氣歸根人當休息各有歸著也但只詳此十有二位先後秩然可見至於六十甲子亦可以次第而曉也又恐有未盡曉者復各略論于後篇云

論金篇甲子附

夫金者西方白帝之神金天氏執矩司事張晏曰金爲義義者成成者方故曰矩行收斂之令主肅殺之權執性堅剛春月見之性柔體弱常用日時坐命處以生旺助其柔性見木多則反成剉志謂春乃青帝行權木神用事更加木盛則金治之無力所謂執力小而不能負重也　五行大論曰木近木遠克其無門火多則溫其性煅其形謂其春月尚有餘寒之氣其本性正居柔弱之中當貴乎火

之暖氣也水多則其性愈寒其力愈減謂其
春月性柔體弱加以水增其寒孰不能施鋒
銳然則惡乎水盛也金見乃助其形若無火
徒加金盛反爲無用失類之狀然則金能助
形又用火以煅之土厚養其性助其形制其
水得其體白形剛設使土盛亦不慮焉謂春
乃木旺時土散塵飛厚而不塞當喜乎土矣
夏月之金性尚在柔形未執方猶嫌死絕貴
乎旺相見木助鬼傷形克體謂夏月乃赤帝

行權火神用事當是木槁無形敬奔其火則火性愈猛故為傷形克體若只見火多卻為不厭性溫體潤形格自如謂時當極熱土焦金燥須喜水澤潤肌膚土盛大暴執方不能自化展轉無剛革之成時當夏月土多則成滯金助體剛形飾自立時有當權火氣出乎自然變化也秋月之金當權乘勢　經曰金氣肅而彫萬類木多則反傷斧斤謂秋乃白帝行權金神用事時雖木死琢之不難謂有

取而轉進進則反費精神　五行大論云猶石觡之畏貪若靈龜之曳尾金多愈剛剛而必折謂乃本性當權更加本形相助失乎旺旺則極極則反於造物不耐狀若琉璃火盛可以成形謂時當暴亂須用物以制其暴性性肅則形成形成則可施鋒鋭有鋒鋭可施收斂之功水潤體光水白金清精神俔秀執性不剛物無反惡土盛生金其性愈隆物能稼穡形有所執物有所成冬月之金形寒性

冷水秀金柔木多不能施琢削之功反成無用水盛則金氣愈寒謂冬月乃黑帝行權水神用事加之以水則金寒水冷不能執化火多性溫體健物當成器鋒銳可施時隆財相金見聚氣則形微氣盛也土多制水生金性不塞體不懦加之火助土厚則子母俱能成物可以成剛銳吉無不利也

甲子乙丑海中金

問曰甲子乙丑何以謂之海中金答曰氣在

包藏而金居之使寧極則沉潛乃曰海中金也論曰其金形行水路性弱體寒生旺助之可以濟物死絶加之愈增困鈍當用火以成形當用土以養性也

壬寅癸卯金薄金

問曰何以壬寅癸卯謂之金薄金荅曰氣尚柔弱金形絶地薄若繒縞乃曰金薄金也論曰其金勢微使之木多損志勞神旺金相助剛毅果敢用義不斵土重氣沉不能設施土

輕相養性體光輝火殺其性煅煉銷鑠不能自存水輕色瑩水重氣滯

庚辰辛巳白鑞金

問曰何以庚辰辛巳謂之白鑞金荅曰氣漸發生金尚在鑛寄形於生養之鄉受西方之正色乃曰白鑞金也論曰其金始捨母鄉子母方分當然自立須假火以成形土盛則沉盖謂方離土中不應又見土故惡乎土木金水等各得其中方為榮貴

甲午乙未砂中金

問曰何以甲午乙未曰砂中金答曰氣已成物金居鬼盛之鄉碎若麋粉乃曰砂中金也

論曰水濟金輝色光瑕瑩火助成形木多財盛土滯神昏重金氣盛反為不美

壬申癸酉劒鋒金

問曰何以壬申癸酉曰劒鋒金答曰氣盛物極當施收歛之功頴脫鋒銳之刃乃曰劒鋒

金論曰執性堅剛匆宜生旺則謂功成不退

有傷和氣若見休囚退藏鋭氣物無傷損
庚戌辛亥釵釧金
問曰何以庚戌辛亥曰釵釧金氣方藏伏形
體已殘煅煉首飾已成其狀乃曰釵釧金也
論曰形已成器華飾光燦厭乎生旺貴乎藏
體火盛傷形終爲不喜

論木篇 甲子附

夫木者東方青帝之神包犧氏執規司事張
晏曰木爲仁仁者生生者圜故曰規行生養

之權持華秀之令春月得之漸有生長之象孟春之令猶有餘寒當用火以溫燠則木無盤屈之拘當有舒暢之美纔當春末陽壯物渴藉水資扶益加秀茂若使初春無火增之以水則陰濃氣弱根損枝枯不能華秀若使春末失之以水增之以火則陽氣大盛燥渴相加根乾葉槁亦使不能華秀是以水火二物要得時而濟方爲奇特土多傷力得中可以然木居春月克土不難若傷乎多曰戀克

有損精神金盛傷枝損華重見生旺必假金以琢之居乎休囚金不宜多木生春月有枝有蔓有條有榦更加木助葉盛花繁終無結實造物太冗夏月之木根燥葉乾盤而且直屈而已伸水滋其形而無槁朽水病水死救之無功水生水旺滋之有力盖謂衰不能救旺中之鬼也又云匀水不能生木然用生旺水乎金多未能成器時當赤帝行權金死木休二者失用故難成器土以養形居燥反成

其咎水等土均燥體得其磊翠謂驕陽物炎必藉水土之功唯土養無水潤成其空也木助木以成林徒逞欝欝之麗終無結果之成若居季夏見金相成時乃金相喜之以成形謂金相能施功可成琢削之象秋月之木氣漸凄冷木漸彫敗初秋之時火勢未滅猶喜水土以相滋謂處暑當節正爍火流金之時物尚渴燥故乃水土未可闕金多成器在乎仲秋謂木之到秋中果已成實葉已彫零枝

枯根槁成爲無用當用金以琢之乃成物狀經曰但能成器爲榮秋深霜降見水當憂寒露已交火溫成秀謂寒露後而有霜降二節近冬漸漸嚴氣畏之以水見水愈寒喜之以火見火溫暖木並成林則上乘而下滅謂秋木成林上乘者百禽歸之棲也下滅者百草不能生也冬月之木盤屈歸根土多喜見謂冬月物藏伏時氣已歸根用多土以掩之則根深蔕固水多氣冷根損形亡謂時當黑帝

行權水神用事正冰霜凝結更加之以水則
根不能存形必亡也金多木能琢木並未能
生謂木氣歸根金見未能施工木見未能並
秀火見交功却爲濟物謂冬氣既寒得火成
溫燠之氣根荄無凍損之患可爲濟物喻如
寒木向陽也

壬子癸丑桑柘木

問曰何以壬子癸丑曰桑柘木荅曰氣居盤
屈形狀未伸居于水地在木未能施刀斧之

勞乃曰桑柘木也論曰柔而失位覆藩茂虧喜逢水土以相養金人木見徒勞無功

庚寅辛卯松栢木

問曰何以庚寅辛卯曰松栢木答曰氣已乘陽得栽培之勢力其爲狀也柰居金下凡金與霜素堅不居下得其旺乃曰松栢木也論曰執性已盛金制不強水滋則木火俱沾利澤謂木旺而火未熾火旺而木則槁乃喜水以潤之土助財興物能成事謂勢旺而喜土

厚也

戊辰己巳大林木

問曰何以戊辰己巳為大林木炁不成量物巳及時華葉茂盛乃曰大林木也論曰山岳堆聳龍蛇藏形受木助而勢增惡金火而勢減水潤則物物可安謂木到此秉陽惡金火而愛木水水滋木秀龍蛇可安而受其庇蔭也

壬午癸未楊柳木

問曰何以壬午癸未曰楊柳木荅曰氣勢因陽物增誇逞而楊柳之花亦飛揚乃曰楊柳木也論曰物陽勢盛水濟成功火多陽盛反爲不羨之兆金若多得尤其所喜也土盛更爲宜利

庚申辛酉石榴木

問曰何以庚申辛酉曰石榴木荅曰氣歸靜肅物漸成實木居金中其味辛故曰石榴木也論秋果成實漸次彫零土厚則根深蔕固

枝榦茂盛果實堅剛金多則損甚木見則形焦槁水潤木並終始成齊

戊戌己亥平地木

問曰何以戊戌己亥爲平地之木荅曰氣歸藏伏陰陽閉塞木氣歸荄伏乎土中乃曰平地之木也論曰形藏體伏喜土相逢若見乎火助則子與母俱得以成其功水勢則惡乎流波泛濫滔滔而不知止雖遇乎金亦不畏其傷害形體惟喜得水相與並居以俟春而

同長乎英華矣

嚴陵方氏三車一覽卷之九

嚴陵方氏三車一覽卷之十

論水篇 甲子附

夫水者北方黑帝之神高陽氏執權司事張晏曰水爲智智者謀謀者重故曰權行嚴凝之令主殺物之權執性不定決諸東則東流決諸西則西流遇冬則結遇夏則散春月之水性濫滔滔加之以水更逢旺相必有崩隄潰岸之勢物加損焉謂春乃水泛之時使之更逢水又見生旺則傷乎流注損物經曰滔

滔不止必有自溺之憂喜逢土止而無泛濫之患謂水泛土能止之土多爲妙金盛生愁謂土多則水静金盛則水奔（盖金能生水也）逢木可施舟楫之功木多土少反成浮泛謂水得木可以施功而爲有用設水多木盛如無土制又成水泛木浮終爲不羨夏月之水執性歸源時當涸際而無泛濫之遶水助水注可以濟物物渴思水水能濟之謂夏乃赤帝主權日炎物燥當用水潤到此之時若施一滴之

功可澤千里之潤貴乎水助也金潤水清物能華秀木逢則色轉增金逢則體悅潤謂時當炎熱木燥則根葉乾焦遇水則色轉增秀金到此則性燥遇水則體悅澤色光潤遇土則萬物成齊土多又反成損己謂夏土焦水能濟之則萬物成齊設土多又傷乎形質秋月之水母旺子相表光裏瑩遇金助則子母俱和而金白水清謂秋金旺金能生水則水相更遇相會則曰子母和會而金白水清也

火多財盛太過傷親財多則於身有勢傷親則於家不足身有勞則早傾喪家不足則仇讎生謂水在秋雖相遇火爲財克之不難又不宜傷多多則縈心也傷親者蓋火能克金金乃水母也故火不宜多多則反也得其中則羡矣遇木生財更能施力謂木生火而曰生財更能施力亦如施舟楫之功也水水相會泛泛難存謂秋水旺更增水則愈泛土厚成功物能稼穡謂水泛當用土止遏之冬月之水其形

得地其勢得持火氣減而寒氣增大寒凜凜
水結冰凝水本不死水結冰凝而曰死也遇
火則增暖減寒而性狀不凝不結謂冬水勢
寒更加水愈冷故喜火以溫之土多藏形化
歸於克謂水死無形藏歸於土乃曰死故嫌
土多也木克土殘水又不畏金生水隆相忘
道義盖土藏水形假木散土水能彰形水藉
金生然冬水自得時不用金生使之見金反
爲無義乃曰道義相忘然則冬水唯喜在火

木也
丙子丁丑澗下
問曰何以丙子丁丑曰澗下水答曰氣未通濟高陵非水流之所卑濕乃水就之鄉而曰澗下水一本云澗下水愚切恐前輩一時誤寫至今傳爲澗下矣論曰水勢流溢瀰瀰漂蕩惡乎生旺貴以休囚土止歸源木火施功金水反生奔泉漱浪爲之不羨也
甲寅乙卯大溪水

問曰何以甲寅乙卯曰大溪水答曰氣出陽明水勢恃源東流滔洼乃曰大溪水論曰勢向東行若百川朝諸海艮止不流惡土相遏金水相加助其流勢木火輔佐財盛身隆

壬辰癸巳長流水

問曰何以壬辰癸巳曰長流水答曰氣傍离宮火明勢盛來之不窮納之不溢乃曰長流水論曰勢極東南貴乎安靜重見休囚息而羨樂加以生旺反成汩没水金不要逢火土

宜外護

丙午丁未天河水

問曰何以丙午丁未曰天河水答曰氣當升降在高明火位有水沛然作霖以通濟乃曰天河水論曰火弥空而夜水交之水弥地下而夜火交之生旺有濟物之功死囚有旱涸之患金木相助於功必厚木火並行炎勢難當必爲損物也

甲申乙酉井泉水

問曰何以甲申乙酉曰井泉水答曰氣息而靜子母同生而不竭出而不窮乃曰井泉水

論曰性主乎靜形受母生安之則靜而清撓之則動而濁火土甃其形而靜金水混其性則流靜則安之本濁乃動之基死絕曰靜生旺曰動

壬戌癸亥大海水

問曰何以壬戌癸亥曰大海水答曰氣歸閉塞水歷遍而不趍勢歸寧謐之位乃曰大海水

論曰勢趍天門歷事已畢生旺而不泛死

絕而不涸助之無增克之不減隨所得其中矣

論火篇 甲子附

夫火者南方赤帝之神神農氏執衡司事張晏曰火爲禮禮者齊齊者平故曰衡行炎陽之令主咸齊之權生當春月母旺子相勢力並行加以生旺損物傷身得以死絕明晦繼傳見木則愈加煇煒抱薪救火則火勢增炎謂火到春承相更加未生則失之太炎水濟

成功則子母俱沾恩澤謂木乃火之母春木旺火相喜水以生木水以濟火而子母皆喜土多蹇塞終無照燭之光金盛璨明可施煅煉之力謂春火未盛見土失明見金可以施功重逢火位在初春可以煒燁居春末則傷乎燥炎謂春火相加以火到為炎在初春得之則吉春末得之反為不美夏月之火執力行權輝輝則失之易滅掩藏則可以無殃見休囚乃曰成功必退逢生旺謂之不息炎炎

水減其勢終無自焚之咎木助其炎必主夭折之風謂火遇夏正當赤帝行權能休囚則無炎暴逢旺相反爲相傷有水則謂水火既濟見木更助其炎必主夭折逢金無水難成造物之功有水有金必作良工之巧二者同燥難以成形若見有水可成鑄印見土焦熬終傷於物氣及咸齊之際亦須水濟成功謂夏月乃物咸齊之時土能長養加以火燥則土焦亦須見水方克成功秋月之火性息體

休終歸晦地見生旺又以東行逢死絕愈增晦昧木助其體晦而復明土閑其形內明外暗土木互加光而且曄晦而且明謂秋火本晦若見生旺又如太陽東出之光見死絕失之太暗喜木生惡土掩若有土更有木又爲喜謂木散土塞木生火光水滅其形金損其體輕者曰濟重者爲傷謂秋火晦見水則克其形雖以金爲財秋金正旺難以治之反爲傷身水輕則無克曰濟金重則害身曰傷火

見火以交光照燭有傳明之燄謂秋火晦得火則光明又生矣冬月之火鬼旺身衰韜光晦迹暑氣絕而嚴氣增惡死絕而好生旺遇木生則照燭而無晦逢水愈滅其光謂冬月寒氣增則火死得木生因之以成形本是黑帝行權若見水愈失其光喜土以制其鬼逢火能助其明謂冬水旺得土可以制其水則火免水傷逢火可助其死火之光金多反慮旺盛爲昌謂火死難以施力不利見金也

戊子己丑霹靂火

問曰何以戊子己丑爲霹靂火答曰氣在一陽形居水位物未成收水中之火乃曰霹靂火也論曰龍誦火經聖誦水經遇東南而昇騰逢西北而象暗風雷際會終歸變化之鄉旱涸加臨必作無成之兆

丙寅丁卯爐中火

問曰何以丙寅丁卯曰爐中火答曰氣漸發輝因薪而顯陰陽爲治天地爲爐乃曰爐中

火也論曰形行陽地勢力漸增水濟火宮應無燥渴木加生旺煙滅灰飛龜縮於死絕之地患害不生燥惡向生旺之方凶咎必至

甲辰乙巳覆燈火

問曰何以甲辰乙巳曰覆燈火荅曰氣行戚地勢立高岡傳明繼晦子母相承乃曰覆燈火也論曰覆之在上登之高明趍南方以歸西位沉北地而向東生水木增光發輝土塞終爲晦咎

戊午己未天上火

問曰何以戊午己未曰天上火荅曰氣過陽宮重离相會炳靈交光發輝炎上乃曰天上火一本云炎上火恐前輩誤作天字至今傳爲天上火論曰勢居高陵之上氣爲盛也退行卑濕之方象則藏乎徙成既濟之功可聚精神之會順之則吉逆之則殃

丙申丁酉山下火

問曰何以丙申丁酉曰山下火荅曰氣熄形

藏執力韜光龜縮兌位力微體弱乃曰山下
火論曰西沉兌位復喜東南出震明離其光
愈韡居暗惡水以傷逢明喜水而濟

甲戌乙亥山頭火

問曰何以甲戌乙亥曰山頭火荅曰氣煞藏
熄飛光投乾歸于休息之中乃曰山頭火論
曰山乃藏形頭乃投光內明外暗隱而不顯
當生旺童顯其明遇休囚惟見其晦木可助
形土必重暗

論土篇 甲子附

夫土者中央黃帝之神軒轅氏執繩司事張晏曰土爲信信者誠誠者直故曰繩居五行之中行覆載之令主養育之權無何公論之云三才五行皆不可失處高下而得位居四季而有功金得之鋒銳唯剛火得之光明照燭木得之英華越秀水得之瀲波不泛土得之稼穡愈豐旺之不息必能爲山山者高也散之不聚必能爲地地者厚也用之無窮生

之罔極乃謂土也

庚子辛丑壁上土

問曰何以庚子辛丑曰壁上土荅曰氣居閉塞物尚包藏掩形遮體内外不交乃曰壁上土也論曰勢未有用力未能生水木並至乃爲喪朋終失其類火土同行是爲得朋乃曰利享

戊寅己卯城頭土

問曰何以戊寅己卯曰城頭土荅曰氣能成

物功以育物發乎根荄壯乎蕚蘂乃曰城頭
土論曰施功成物水濟物華物百甲拆之象
火燥反成其殃土養木踈必成其器
丙辰丁巳沙中土
問曰丙辰丁巳何以謂之沙中土荅曰氣以
承陽發生已過成齊未來乃曰沙中土也論
曰包根荄而秀華蕚滛之以水養之以土吐
英華而壯枝幹惡之者火嫌之者金木踈氣
散究竟不宜

庚午辛未路傍土

問曰庚午辛未何以謂之路傍土荅曰氣當成形物以路彰有形可質有物可彰乃曰路傍土也論曰壯以及時乘厚載木多不慮水盛無嫌土重反爲滯物金多必主損傷火多則燥物難舒伸

戊申己酉大驛土

問曰戊申己酉何以謂之大驛土荅曰氣以歸息物當收歛龜縮退閑羨而無事乃曰大

驛土也論曰成功必退於郵亭形歸安靜之鄉勢入休息之地土靜金安木勞水泛火助其形終爲蹇滯

丙戌丁亥屋上土

問曰丙戌丁亥何以謂之屋上土荅曰氣成物府事以美圓陰陽歷遍勢得其閑乃曰屋上土也論曰勢周而美備矣貴乎安靜若以火木而生旺之是徒增其至於死絶却喜以安

嚴陵方氏三車一覽卷之十

編號	書名	作者	備註
占筮類			
1	擲地金聲搜精秘訣	心一堂編	沈氏研易樓藏稀見易占秘鈔本
2	卜易拆字秘傳百日通	心一堂編	
3	易占陽宅六十四卦秘斷	心一堂編	火珠林占陽宅風水秘鈔本
星命類			
4	斗數宣微	【民國】王裁珊	民初最重要斗數著述之一；未刪改本
5	斗數觀測錄	【民國】王裁珊	失傳民初斗數重要著作
6	《地星會源》《斗數綱要》合刊	心一堂編	失傳的第三種飛星斗數
7	《斗數秘鈔》《紫微斗數之捷徑》合刊	心一堂編	珍稀「紫微斗數」舊鈔
8	斗數演例	心一堂編	秘本
9	紫微斗數全書（清初刻原本）	題【宋】陳希夷	斗數全書本來面目；有別於錯誤極多的坊本
10-12	鐵板神數（清刻足本）——附秘鈔密碼表	題【宋】邵雍	無錯漏原版 秘鈔密碼表 首次公開！
13-15	蠢子數纏度	題【宋】邵雍	蠢子數連密碼表 打破數百年秘傳 首次公開！
16-19	皇極數	題【宋】邵雍	清鈔孤本附起例及完整密碼表 研究神數必讀！
20-21	邵夫子先天神數	題【宋】邵雍	附手鈔密碼表 研究神數必讀！
22	八刻分經定數（密碼表）	題【宋】邵雍	皇極數另一版本；附手鈔密碼表
23	新命理探原	【民國】袁樹珊	子平命理必讀教科書！
24-25	袁氏命譜	【民國】袁樹珊	
26	韋氏命學講義	【民國】韋千里	民初二大命理家南袁北韋
27	千里命稿	【民國】韋千里	
28	精選命理約言	【民國】韋千里	北韋之命理經典
29	滴天髓闡微——附李雨田命理初學捷徑	【民國】袁樹珊、李雨田	命理經典未刪改足本
30	段氏白話命學綱要	【民國】段方	民初命理經典最淺白易懂
31	命理用神精華	【民國】王心田	學命理者之寶鏡

編號	書名	作者	備註
62	地理辨正補註　附　元空秘旨　天元五歌　玄空精髓　心法秘訣等數種合刊	【民國】胡仲言	貫通易理、巒頭、三元、三合、天星、中醫
63	地理辨正自解	【清】李思白	公開玄空家「分率尺、工部尺、量天尺」之秘
64	許氏地理辨正釋義	【民國】許錦灝	民國易學名家黃元炳力薦
65	地理辨正天玉經內傳要訣圖解	【清】程懷榮	秘訣一語道破，圖文并茂
66	謝氏地理書	【民國】謝復	玄空體用兼備、深入淺出
67	論山水元運易理斷驗、三元氣運說附紫白訣等五種合刊	【宋】吳景鸞等	失傳古本《玄空秘旨》《紫白訣》
68	星卦奧義圖訣	【清】施安仁	三元玄空門內秘笈　清鈔孤本 過去均為必須守秘不能公開秘密 與今天流行飛星法不同
69	三元地學秘傳	【清】何文源	
70	三元玄空挨星四十八局圖說	心一堂編	
71	三元挨星秘訣仙傳	心一堂編	
72	三元地理正傳	心一堂編	
73	三元天心正運	心一堂編	
74	元空紫白陽宅秘旨	心一堂編	
75	玄空挨星秘圖　附　堪輿指迷	心一堂編	
76	姚氏地理辨正圖說　附　地理九星并挨星真訣全圖　秘傳河圖精義等數種合刊	【清】姚文田等	蓮池心法　玄空六法 門內秘鈔本首次公開
77	元空法鑑批點本——附　法鑑口授訣要、秘傳玄空三鑑奧義匯鈔　合刊	【清】曾懷玉等	
78	元空法鑑心法	【清】曾懷玉等	
79	曾懷玉增批蔣徒傳天玉經補註【新修訂版原（彩）色本】	【清】項木林、曾懷玉	
80	地理學新義	【民國】俞仁宇撰	揭開連城派風水之秘
81	地理辨正揭隱（足本）　附連城派秘鈔口訣	【民國】王邈達	
82	趙連城傳地理秘訣附雪庵和尚字字金	【明】趙連城	
83	趙連城秘傳楊公地理真訣	【明】趙連城	
84	地理法門全書	仗溪子、芝罘子	巒頭風水，內容簡核、深入淺出
85	地理方外別傳	【清】熙齋上人	巒頭形勢、「望氣」「鑑神」
86	地理輯要	【清】余鵬	集地理經典之精要
87	地理秘珍	【清】錫九氏	巒頭、三合天星，圖文並茂
88	《羅經舉要》附《附三合天機秘訣》	【清】賈長吉	清鈔孤本羅經、三合訣法圖解
89-90	嚴陵張九儀增釋地理琢玉斧巒	【清】張九儀	清初三合風水名家張九儀經典清刻原本！

編號	書名	作者	說明
91	地學形勢摘要	心一堂編	形家秘鈔珍本
92	《平洋地理入門》《巒頭圖解》合刊	【清】盧崇台	平洋水法、形家秘本
93	《鑒水極玄經》《秘授水法》合刊	【唐】司馬頭陀、【清】鮑湘襟	千古之秘，不可妄傳匪人
94	平洋地理闡秘	心一堂編	雲間三元平洋形法秘鈔珍本
95	地經圖說	【清】余九皋	形勢理氣、精繪圖文
96	司馬頭陀地鉗	【唐】司馬頭陀	流傳極稀《地鉗》
97	欽天監地理醒世切要辨論	【清】欽天監	公開清代皇室御用風水真本
三式類			
98－99	大六壬尋源二種	【清】張純照	六壬入門、占課指南
100	六壬教科六壬鑰	【民國】蔣問天	由淺入深，首尾悉備
101	壬課總訣	心一堂編	過去術家不外傳的珍稀六壬術秘鈔本
102	六壬秘斷	心一堂編	
103	大六壬類闡	心一堂編	
104	六壬秘笈——韋千里占卜講義	【民國】韋千里	六壬入門必備
105	壬學述古	【民國】曹仁麟	依法占之，「無不神驗」
106	奇門揭要	心一堂編	集「法奇門」、「術奇門」精要
107	奇門行軍要略	【清】劉文瀾	條理清晰、簡明易用
108	奇門大宗直旨	劉毗	天下孤本 首次公開 虛白盧藏本《秘藏遁甲天機》
109	奇門三奇干支神應	馮繼明	
110	奇門仙機	題【漢】張子房	奇門不傳之秘 應驗如神
111	奇門心法秘纂	題【漢】韓信（淮陰侯）	
112	奇門廬中闡秘	題【三國】諸葛武侯註	
選擇類			
113－114	儀度六壬選日要訣	【清】張九儀	清初三合風水名家張九儀擇日秘傳
115	天元選擇辨正	【清】一園主人	釋蔣大鴻天元選擇法
其他類			
116	述卜筮星相學	【民國】袁樹珊	民初二大命理家南袁北韋
117－120	中國歷代卜人傳	【民國】袁樹珊	南袁之術數經典

編號	書名	作者	簡介
占筮類			
121	卜易指南(二種)	【清】張孝宜	民國經典，補《增刪卜易》之不足
122	未來先知秘術——文王神課	【民國】張了凡	內容淺白、言簡意賅、條理分明
星命類			
123	人的運氣	汪季高(雙桐館主)	五六十年香港報章專欄結集！
124	命理尋源		
125	訂正滴天髓徵義	【民國】徐樂吾	民國三大子平命理家徐樂吾必讀經典！
126	滴天髓補註 附 子平一得		
127	窮通寶鑑評註 附 增補月談賦 四書子平		
128	古今名人命鑑		
129-130	紫微斗數捷覽(明刊孤本)[原(彩)色本] 附 點校本 (上)(下)	馮一、心一堂術數古籍整理編校小組 整理	明刊孤本 首次公開！
131	命學金聲	【民國】黃雲樵	民國名人八字、六壬奇門推命
132	命數叢譚	【民國】張雲溪	子平斗數共通、百多民國名人命例
133	定命錄	【民國】張一蟠	民國名人八十三命例詳細生平
134	《子平命術要訣》《知命篇》合刊	【民國】鄒文耀、【民國】胡仲言 撰	《子平命術要訣》科學命理；《知命篇》易理皇極、命理地理、奇門六壬互通
135	科學方式命理學	閻德潤博士	匯通八字、中醫、科學原理！
136	八字提要	韋千里	民國三大子平命理家韋千里必讀經典！
137	子平實驗錄	【民國】孟耐園	作者四十多年經驗 占卜奇靈 名震全國！
138	民國偉人星命錄	【民國】囂囂子	幾乎包括所民初總統及國務總理八字！
139	千里命鈔	韋千里	失傳民初三大命理家-韋千里 代表作
140	斗數命理新篇	張開卷	現代流行的「紫微斗數」內容及形式上深受本書影響
141	哲理電氣命數學——子平部	【民國】彭仕勛	命局按三等九級格局、不同術數互通借用
142	《人鑑——命理存驗·命理擷要》(原版足本)附《林庚白家傳》	【民國】林庚白	傳統子平學修正及革新、大量名人名例
143	《命學苑苑刊——新命》(第一集)附《名造評案》《名造類編》等	【民國】林庚白、張一蟠等撰	史上首個以「唯物史觀」來革新子平命學結集
相術類			
144	中西相人探原	【民國】袁樹珊	按人生百歲，所行部位，分類詳載
145	新相術	【美國】李拉克福原著、【民國】沈有乾編譯	通過觀察人的面相身形、色澤舉止等，得知性情、能力、習慣、優缺點等
146	骨相學	【民國】風萍生編著	結合醫學中生理及心理學，影響近代西、日、中相術深遠
147	人心觀破術 附運命與天稟	【日本】管原如庵、加藤孤雁原著，【民國】唐真如譯	觀破人心、運命與天稟的奧妙

編號	書名	作者	簡介
148	《人相學之新研究》《看相偶述》合刊	盧毅安	集中外大成，無不奇驗；影響近代香港相術名著
149	冰鑑集	【民國】碧湖鷗客	各家相法精華、相術捷徑、圖文並茂附名人照片
150	《現代人相百面觀》《相人新法》合刊	【民國】吳道子輯	失傳民初相學經典二種　重現人間！
151	性相論	【民國】余晉龢	民初北平公安局專論相學與犯罪專著（犯罪學生物學派）
152	《相法講義》《相理秘旨》合刊	韋千里、孟瘦梅	命理學大家韋千里經典、傳統相術秘籍精華
153	《掌形哲學》附《世界名人掌形》《小傳》	【民國】余萍客	圖文并茂、附歐美名人掌形圖及生平簡介
154	觀察術	【民國】吳貴長	可補充傳統相術之不足
堪輿類			
155	羅經消納正宗	【明】沈昇撰、【明】史自成、丁孟章合纂	失傳四庫存目珍稀風水古籍
156	風水正原	【清】余天藻	●積德為求地之本，形家必讀！ ●純宗形家，與清代欽天監地理風水主張大致相同
157	安溪地話（風水正原二集）		
158	《蔣子挨星圖》附《玉鑰匙》	傳【清】蔣大鴻等	窺知無常派章仲山一脈真傳奧秘
159	樓宇寶鑑	吳師青	陽宅風水必讀、現代城市樓宇風水看法改革
160	《香港山脈形勢論》《如何應用日景羅經》合刊		香港風水山脈形勢專著
161	三元真諦稿本──讀地理辨正指南	【民國】王元極	被譽為蔣大鴻、章仲山後第一人 內容直接了當，盡揭三元玄空家之秘
162	三元陽宅萃篇		
163	王元極增批地理冰海　附批點原本地理冰海	【清】高守中　【民國】王元極	
164	地理辨正發微	【清】唐南雅	極之清楚明白，披肝露膽
165-167	增廣沈氏玄空學　附　仲山宅斷秘繪稿本三種、自得齋地理叢說稿鈔本（上）（中）（下）	【清】沈竹礽	玄空必讀經典！附《仲山宅斷》幾種鈔本及批點本，畫龍點睛、披肝露膽，道中刊印本未點破的秘訣
168-169	巒頭指迷（上）（下）	【清】尹貞夫原著、【民國】何廷珊增訂、批注	圖文并茂：龍、砂、穴、水、星辰九十九變 洩漏天機：蔣大鴻、賴布衣挨星秘訣及用法
170-171	三元地理真傳（兩種）（上）（下）	【清】趙文鳴	蔣大鴻嫡派真傳張仲馨一脈二十種家傳秘本、宅墓案例三十八圖，並附天星擇日
172	三元宅墓圖　附　家傳秘冊		
173	宅運撮要	【民國】尤惜陰（演本法師）、榮柏雲	撮三集《宅運新案》之精要
174	章仲山秘傳玄空斷驗筆記　附　章仲山斷宅圖註	【清】章仲山傳、【清】唐鷺亭纂	無常派玄空不外傳秘中秘！二宅實例有斷驗及改造內容
175	汪氏地理辨正發微　附　地理辨正真本	【清】蔣大鴻、姜垚原著、【清】汪云吾發微	蔣大鴻嫡派張仲馨一脈三元理、法、訣具體泄露 三百年來最佳《地理辦正》註解！石破天驚！
176	蔣大鴻家傳歸厚錄汪氏圖解	【清】蔣大鴻、【清】汪云吾圖解	
177	蔣大鴻嫡傳三元地理秘書十一種批注	【清】蔣大鴻原著、【清】汪云吾、【清】劉樂山註	

178	《星氣(卦)通義(蔣大鴻秘本四十八局圖并打劫法)》《天驚秘訣》合刊	題【清】蔣大鴻 著	江西興國真傳三元風水秘本
179	蔣大鴻嫡傳天心相宅秘訣全圖附陽宅指南等秘書五種	【清】蔣大鴻編訂、【清】汪云吾、劉樂山註	蔣大鴻徒張仲馨秘傳陽宅風水「教科書」！
180	家傳三元地理秘書十三種		真天宮之秘 千金不易之寶
181	章仲山門內秘傳《堪輿奇書》附《天心正運》	【清】章仲山傳、【清】華湛恩	直洩無常派章仲山玄空風水不傳之秘
182	《挨星金口訣》、《王元極增批補圖七十二葬法訂本》合刊	[民國]王元極	秘中秘——玄空挨星真訣公開！字字千金！
183-184	《家傳三元古今名墓圖集附謝氏水鉗》《蔣氏三元名墓圖集》合刊(上)(下)	(清)孫景堂，劉樂山，張稼夫	蔣大鴻嫡傳風水宅案、幕講師、蔣大鴻、姜垚等名家多個實例，破禁公開！
185-186	《山洋指迷》足本兩種 附《尋龍歌》(上)(下)	【明】周景一	風水巒頭形家必讀《山洋指迷》足本！
187-196	蔣大鴻嫡傳水龍經注解 附 虛白廬藏珍本水龍經四種(1-10)	【清】蔣大鴻編訂、【清】楊臥雲、汪云吾、劉樂山註	蔣大鴻嫡傳一脈授徒秘笈 希世之寶 千年以來，師師相授之秘旨，破禁公開！ 完整了解蔣氏嫡派真傳一脈三元理、法、訣！ 附已知最古《水龍經》鈔本等五種稀見《水龍經》
197	批注地理辨正直解	【清】章仲山	無常派玄空必讀經典未刪改本！
198	《天元五歌闡義》附《元空秘旨》(清刻原本)		
199	心眼指要(清刻原本)		
200	華氏天心正運	【清】華湛恩	
201-202	批注地理辨正再辨直解合編(上)(下)	【清】蔣大鴻原著、【清】姚銘三再註、【清】章仲山直解	失傳姚銘三玄空經典重現人間！ 名家：沈竹礽、王元極推薦！
203	章仲山注《玄機賦》《元空秘旨》附《口訣中秘訣》《因象求義》等九種合刊	【清】章仲山	近三百年來首次公開！章仲山無常派玄空秘密，和盤托出！章仲山注《玄機賦》及章仲山原傳之口訣及筆記
204	章仲山門內真傳《三元九運挨星篇》《運用篇》《挨星定局篇》《口訣篇》等合刊	【清】章仲山、柯遠峰等	
205	章仲山門內真傳《大玄空秘圖訣》《天驚訣》《飛星要訣》《九星斷略》《得益錄》等合刊	【清】章仲山、冬園子等	
206	撼龍經真義	吳師青註	近代香港名家吳師青必讀經典
207	章仲山嫡傳《翻卦挨星圖》《秘鈔元空秘旨》附《秘鈔天元五歌闡義》	【清】章仲山傳、【清】王介如輯撰	透露章仲山家傳玄空嫡傳學習次弟及關鍵不傳之秘
208	章仲山嫡傳秘鈔《秘圖》《節錄心眼指要》合刊		
209	《談氏三元地理大玄空實驗》附《談養吾秘稿奇門占驗》	【民國】談養吾撰	史上首次公開「無常派」下卦起星等挨星秘密之書
210	《談氏三元地理濟世淺言》附《打開一條生路》		了解談氏入世的易學卦德爻象思想
211-215	《地理辨正集註》附《六法金鎖秘》《巒頭指迷真詮》《作法雜綴》等(1-5)	【清】尋緣居士	集《地理辨正》一百零八家註解大成精華 匯巒頭及蔣氏、六法、無常、湘楚等秘本 史上最大篇幅的《地理辨正》註解
216	三元大玄空地理二宅實驗(足本修正版)	【民國】尤惜陰(演本法師)、榮柏雲撰	三元玄空無常派必讀經典足本修正版

編號	書名	作者	說明
217	蔣徒呂相烈傳《幕講度針》附《元空秘斷》《陰陽法竅》《挨星作用》	【清】呂相烈	蔣大鴻門人呂相烈三元秘本三百年來首次破禁公開！
218	挨星撮要（蔣徒呂相烈傳）		
219-221	《沈氏玄空挨星圖》《沈註章仲山宅斷未定稿》《沈氏玄空學（四卷原本）》合刊（上中下）	【清】沈竹礽 等	揭開沈氏玄空挨星五行吉凶斷的變化及不同用法 章仲山宅斷未刪本、沈氏玄空學原本佚文、玄空挨星圖稿鈔本 大公開！
222	地理穿透真傳（虛白廬藏清初刻原本）	【清】張九儀	三合天星家宗師張九儀畢生地學精華結集
223-224	地理元合會通二種（上）（下）	【清】姚炳奎	分發兩家（三元、三合）之秘，會通其用詳解注羅盤（蔣盤、賴盤）；義理、斷驗俱精
其他類			
225	天運占星學 附 商業周期、股市粹言	吳師青	天星預測股市，神準經典
226	易元會運	馬翰如	《皇極經世》配卦以推演世運與國運
三式類			
227	大六壬指南（清初木刻五卷足本）		六壬學占驗課案必讀經典海內善本
228-229	甲遁真授秘集（批注本）（上）（下）	【清】薛鳳祚	明清皇家欽天監秘傳奇門遁甲奇門、易經、皇極經世結合經典
230	奇門詮正	【民國】曹仁麟	簡易、明白、實用，無師自通！
231	大六壬探源	【民國】袁樹珊	民初三大命理家袁樹研究六壬四十餘年代表作
232	遁甲釋要	【民國】徐昂	推衍遁甲、易學、洛書九宮大義！
233	《六壬卦課》《河洛數釋》《演玄》合刊		疏理六壬、河洛數、太玄隱義！
234	六壬指南（【民國】黃企喬）	【民國】黃企喬	失傳經典 大量實例
選擇類			
235	王元極校補天元選擇辨正	原【清】謝少暉輯、【民國】王元極校補	三元地理天星選日必讀
236	王元極選擇辨真全書 附 秘鈔風水選擇訣	【民國】王元極	王元極天昌館選擇之要旨
237	蔣大鴻嫡傳天星選擇秘書注解三種	【清】蔣大鴻編訂、【清】楊臥雲、汪云吾、劉樂山註	蔣大鴻陰陽二宅天星擇日日課案例！
238	增補選吉探源	【民國】袁樹珊	按表檢查，按圖索驥：簡易、實用！
239	《八風考略》《九宮撰略》《九宮考辨》合刊	沈瓞民	會通沈氏玄空飛星立極、配卦深義
其他類			
240	《中國原子哲學》附《易世》《易命》	馬翰如	國運、世運的推演及預言